PÉLERINAGE

POÉTIQUE

EN SUISSE.

ET

POÉSIES DIVERSES,

PAR A. H. LEMONNIER.

PARIS,
AMABLE COSTES, LIBRAIRE-ÉDITEUR,
Rue de l'Université, 13.
HENRI FÉRET, LIBRAIRE,
Palais-Royal, cour de Nemours, 25.

M. DCCCXXXVI.

PÉLERINAGE

POÉTIQUE

EN SUISSE,

ET

POÉSIES DIVERSES.

Ouvrage du même auteur :

Souvenirs d'Italie, 1 fort vol. in-8. Prix : 6 fr., chez les mêmes libraires-éditeurs.

(C.)

Imprimerie de J. DELACOUR à Meudon,
et à Vaugirard, rue de Sèvres 78.

PÈLERINAGE

POÉTIQUE

EN SUISSE.

ET

POÉSIES DIVERSES,

PAR A. H. LEMONNIER.

PARIS.

AMABLE COSTES, LIBRAIRE-ÉDITEUR,
Rue de l'Université, 13.

HENRI FÉRET, LIBRAIRE,
Palais-Royal, cour de Nemours, 25.

M. DCCCXXXVI.

Les deux ouvrages qui figurent en tête de ce recueil ont déjà été imprimés, revêtus de sanctions académiques; ce qui préjuge pour ou contre eux, suivant la divergence actuelle d'opinions qu'on n'entreprend pas d'examiner ici. Le premier ne se composait, dans l'origine, que d'un seul chant; il s'est considérablement étendu depuis lors, et se reproduit divisé en quatre parties. Le second, au contraire, a été diminué d'une manière notable. Si l'un, par malheur, n'avait pas gagné aux augmentations, on pourrait au moins admettre que l'autre s'est amélioré par les coupures qu'il a subies, et il y aurait en cela une certaine compensation.

Le *Pélerinage en Suisse* appartient au genre

descriptif, à ce genre, loué et décrié outre mesure, qui fut l'objet d'une polémique si vive à une époque où les préoccupations politiques n'absorbaient pas tous les esprits, et où il restait dans le monde une place de distinction pour la poésie. L'auteur alors eût été bien venu à élaborer, dans une sorte de Traité préliminaire obligé, la justification de la forme adoptée par lui; mais maintenant, qu'à l'audace littéraire permise, a succédé la témérité qui se donne toute licence, il doit se borner à dire que le plan de son ouvrage consiste dans la marche même du voyageur; que l'absence d'épisodes d'action, peu nécessaires d'ailleurs dans une œuvre d'assez courte haleine, est remplacée par les souvenirs que fait naître la vue des lieux parcourus, souvenirs épisodiques, étroitement liés au sujet et en dérivant. Quant au titre, ce sera, si l'on veut, un *Poème*, et, quant aux divisions, ce seront, à volonté, des *Chants*. L'auteur s'est abstenu des intitulés, qu'il laisse au libre arbitre du lecteur, comme il se livre à son jugement à l'égard du style. Il a voulu rendre hommage à quatre écrivains suisses, en leur empruntant les *Épigraphes* qui précèdent chacune des quatre parties. Les *Notes* ne seraient pas trop multipliées, si on les jugeait instructives : elles forment le commentaire du Voyage.

Des *Poésies diverses* complètent le volume, sans beaucoup le grossir. Peut-être, en bonne justice, devrait-on tenir compte à l'auteur de cette brièveté. C'est une preuve de discrétion qu'il a voulu donner, un facile mérite qu'il a su se faire, faute de pouvoir élever plus haut ses prétentions. Il se confesse d'avoir écrit beaucoup de vers dans sa vie, *delicta juventutis*; mais il en a beaucoup brûlé; ces *auto-da-fé* ont été fréquents et nombreux : toutefois il craint encore qu'on ne dise qu'il n'a pas été pour lui-même un inquisiteur assez sévère.

La plupart des jeunes gens qui ont l'imagination active font des vers. Je ne sais qui disait, d'une manière quelque peu brutale, que la poésie est la *gourme* de la jeunesse; mais, disait aussi avec plus de civilité un homme éminent : « Il est bon d'é-« crire en vers tant qu'on est jeune; cela apprend « à écrire en prose. Plus tard on se juge; le senti-« ment intime nous dit si l'*influence secrète* réside « vraiment en nous : obéissant alors à cette con-« science de l'esprit, on continue ou l'on s'arrête; « mais, en tout cas, le style a pu se former. » Ce propos est du célèbre Thouret, président de l'Assemblée constituante; on le tient de son fils, qui fut à son tour un homme très distingué, un député honorable, dans toute l'acception du mot.

A cela on pourrait ajouter qu'il est bien que la

jeunesse ait de la poésie dans le cœur ou dans la tête, comme il lui sied d'être ardente, exagérée même jusqu'à un certain point, dans l'expression de ses sentiments généreux : il convient qu'elle ait cette chaleureuse exaltation, afin qu'il en reste un peu pour l'âge mur; sans quoi le désenchantement de la vie arrive, pour ainsi dire, avant qu'on ait vécu, et l'ame est trop tôt refroidie par le réel des choses d'ici-bas. Cette triste maturité est précoce de nos jours; l'existence se matérialise de bonne heure. Plus en discrédit que jamais, le goût de la poésie finira par devenir de trop, au milieu des idées positives qui le compriment de toutes parts : c'est, sans nul doute, un malheur.

Éclairé par cette expérience, et à moins qu'on n'ait un de ces noms retentissants qui commandent l'attention publique, il ne faut donc plus prétendre, en osant encore publier des vers, qu'à être lu de quelques amis et de quelques adeptes solitaires dont le nombre se fait plus rare de jour en jour. Telle est la pensée, la seule espérance qui anime l'auteur de ce volume. S'il advenait que de jeunes voyageurs, dans la ferveur de leur âge, entreprenant à leur tour de parcourir les Alpes, prissent le *Pélerinage en Suisse* pour se guider dans cette intéressante contrée; si, relisant les descriptions en présence des lieux, ils trouvaient que d'imposantes scènes de la nature et les impressions qu'elles causent ont été rendues avec assez de vérité, ce serait là une flatteuse récompense. Plaire à tous est une gloire chimérique ; plaire à quelques-uns est une jouissance dont sait se contenter une ambition modeste.

PÉLERINAGE POÉTIQUE

EN SUISSE.

PÈLERINAGE POÉTIQUE

EN SUISSE.

I.

Bâle. — Augusta. — Le Rhin. — Schaffhouse. — Zurich. — Le lac de Lucerne.

Wohl dir vergnügtes volk! Dir hat ein hold geschickv
Der Laster reichen quell den ueberfluss versagt;
Dem, den sein stand vergnügt, dient armuth selbst zum glücke
Da pracht und uepickeit den länder stütze nagt.

HALLER, Die Alpen.

Helvétiens, le destin favorable
Vous préserva du luxe corrupteur,
Source d'impurs désirs qui font l'homme coupable :
Contents de votre sort, sans le vouloir meilleur,
Dans la simplicité vous trouvez le bonheur,
Tandis qu'un grand Etat, puissance misérable,
Souffre et gémit, entouré de splendeur.

Sol de la Liberté, terre sainte et chérie,
De Tell, de Winkelried généreuse patrie,
Salut, trois fois salut! Au loin, de toutes parts,
Tes rochers sourcilleux, magnifiques remparts,

A mes yeux étonnés élèvent dans les nues
Leurs frimas éternels et leurs cimes chenues.

Qu'un poëte vénal, d'un riche citadin
Vante complaisamment le prétendu jardin
Où la fleur est soumise au dessin symétrique,
Et que son vers flatteur, froidement didactique,
Célèbre des bosquets alignés au cordeau,
Des cascades à sec et de honteux jets-d'eau;
Qu'en un plan régulier ses rimes assemblées
Du parterre insipide imitent les allées;
Moi, qu'on ne vit jamais à l'orgueil des puissants
Prodiguer la vapeur d'un mercenaire encens,
Aux montagnes que j'aime, aux forêts solitaires,
Je demande un langage et des chants plus austères,
Aux déserts je demande un repos qui me fuit.
Muse, loin de la ville et de fange et de bruit,
Suis mes pas; abjurant une vaine parure,
Livre au souffle de l'air ta libre chevelure;
Laisse un stérile honneur pour d'agrestes loisirs,
Du voyageur partage et décris les plaisirs.

Avec un doux transport de Paris je m'exile;
Dans son éclat mon cœur n'a point cherché d'asile;
Jamais l'ambition ne souleva mon sein:
D'un monde corrompu j'ai fui le luxe vain;

L'or ne peut à mes yeux déguiser l'esclavage.
Il est encore un peuple indépendant et sage ;
Ses trésors sont la paix, l'honneur, la vérité,
Et je viens réclamer son hospitalité.
Ah! si la liberté n'est pas une chimère
Qui trompe les humains, en flattant leur misère,
Sans doute elle réside en de riants vallons,
Sur les rives des lacs, sur la crête des monts ;
De ces lieux écartés la contrainte est bannie ;
Là se montrent sans voile une franchise amie,
Une vertu modeste. Heureux Helvétiens,
Conservez à jamais, oui, conservez ces biens ;
Craignez les passions, évitez leur souillure,
Soyez dignes du nom d'enfants de la nature!

Aux confins de la France et du sol des Germains,
Séparant, unissant deux grands peuples voisins,
Sur le Rhin maîtrisé Bâle entre eux est assise (1) :
Le fleuve l'embellit de son onde soumise ;
Le Jura la couronne, et ses monts verdoyants
La mettent à l'abri de l'injure des vents ;
L'immense Forêt-Noire, austère paysage,
Tranche l'azur du ciel dans un lointain sauvage.
Puissante encor sans faste, et riche sans fierté,
Bâle pourtant n'est plus cette illustre cité
Qui jadis opposait, dans un hardi concile,

A d'injustes décrets l'autorité civile (2):
Bâle faisait alors trembler Rome, et long-temps
Le Vatican lança des foudres impuissants :
Le pontife pliait sous les lois séculières,
Et ses clés rencontraient de solides barrières.
Dans ces temps orageux, lorsque l'Helvétien,
Secouant, indigné, le joug autrichien,
Bravait le despotisme et ses chaînes serviles,
En un jour glorieux Bâle eut ses Thermopyles,
Dignes en tout de Sparte et de Léonidas.
Pour immortaliser ses courageux soldats,
La Grèce avait des arts, des palmes, des poètes;
Mais chez l'Helvétien les Muses sont muettes.
Saint-Jacques, ton renom est bien peu célébré (3);
Le mérite modeste à peine est honoré;
Tes guerriers généreux, leur dévoûment, leur gloire,
Ont trop peu d'une page au livre de l'histoire;
Mais, tant que la vertu vivra chez les mortels,
Tant qu'elle aura dans l'ame un culte et des autels,
Du véritable honneur la voix toujours chérie
Bénira des héros mourant pour la patrie.

Au génie, au savoir, un soin religieux
Dans Bâle a consacré des monuments pieux;
Là dort Erasme, lui, dont la sagesse vaine
A tracé le tableau de la folie humaine (4);

D'autres mortels ont là, pour prix de leurs travaux,
Un marbre, une épitaphe, et la paix des tombeaux (5).

Près de ces mêmes bords gît une ville entière,
Morte, et qui de son peuple enferme la poussière (6);
Sépulcre délaissé de l'antique Augusta
Que la pompe romaine autrefois habita,
Lorsque Munatius, maître de l'Helvétie,
Couvrait de ses colons les champs de Rauracie.
C'est là que les Romains, ces fiers dominateurs,
Faisaient jadis rouler leurs chars triomphateurs :
Les Romains ne sont plus ; leur splendeur effacée
Est comme dans les cieux la comète éclipsée :
Un si vaste pouvoir n'a laissé que débris,
Qu'informes monuments par les siècles détruits ;
Le voyageur à peine en découvre la trace,
Et de la ville auguste un bourg a pris la place.
L'humble toît du pasteur se montre aux mêmes lieux
Où l'on voyait briller la demeure des Dieux.
O néant de la gloire ! ô vanité de l'homme !
De pauvres laboureurs ont hérité de Rome.

Tel est l'arrêt commun : tout succombe ici-bas ;
Ce qui reçut la vie appartient au trépas ;
Mais toujours la nature, et florissante et belle,
Semble se rajeunir quand tout meurt autour d'elle.

Au loin, vers l'horizon, et s'étend et s'enfuit
Le Rhin, qui, de l'Adule accourant à grand bruit,
Limite les Etats du rempart de son onde (7),
Et prolonge, en grondant, sa course vagabonde :
Terrible quelquefois, toujours majestueux,
Tantôt, du haut des monts, torrent impétueux,
Brisant sur les récifs sa colère écumante,
Il roule, avec ses flots il verse l'épouvante,
Et de son urne entière épuise les trésors ;
Tantôt, comme lassé d'inutiles efforts,
En indocile esclave il poursuit sa carrière ;
Mais, perdant sous le joug sa dignité première,
Dans l'abîme des mers il tombe en frémissant (8),
Et tel qu'un roi vaincu, désormais impuissant,
Va soumettre son sceptre au trident de Neptune.

C'est l'image des jeux de l'aveugle fortune,
C'est l'emblême frappant de nos jours passagers :
Le fleuve, humble d'abord, en naissant des rochers,
Semble à regret payer le tribut de son onde,
Puis s'accroît, envahit le domaine du monde,
Et bien loin des forêts qui cachent son berçeau,
Dans le vaste Océan rencontre son tombeau ;
Ainsi l'homme, débile et frêle au premier âge,
De ses jours limités parcourt l'étroit passage,
Environné d'écueils, de pièges, de combats,

Jusqu'au point où la mort, qui le suit pas à pas,
La mort, sommeil sans fin, dont la vie est le songe,
Lui montre le néant et froidement l'y plonge.

Libre encore et fougueux, c'est ici que le Rhin
Brave le joug de l'homme, et marche en souverain ;
Ses flots retentissants, formidables barrières,
Sont l'appui redouté des cités forestières (9).
J'avance : quel aspect ! quel bruit prodigieux !
Le fleuve menaçant tonne contre les cieux ;
Schaffhouse m'apparaît (10)... Mais quoi! ma voix confuse
Au transport de mes sens, tremblante, se refuse;
Tant de grandeur m'accable, et Schaffhouse est l'écueil
Où du vers impuissant vient se briser l'orgueil.
J'admire et je me tais : ce spectacle sublime
M'interdit; il confond les efforts de la rime.
Immobile et muet devant cet enfer d'eau (11),
Peintre, abjure ton art, jette là ton pinceau;
Ce tableau merveilleux du Très-Haut est l'ouvrage,
Et tu n'en peux tracer qu'une insensible image (12).

Un plus doux paysage, un site gracieux,
Sait aussi plaire à l'ame, en reposant les yeux :
Je t'aperçois, Zurich, cité paisible, heureuse,
Que baigne un lac d'azur de son onde amoureuse (13):
Ta sagesse, tes lois, et ta sérénité,

Feraient croire ici-bas à la félicité.
Tu n'entends plus gronder les foudres de la guerre :
Puissent-ils désormais épargner une terre
Dont le calme répugne à de sanglants exploits !
Ces glorieux forfaits des peuples et des rois,
Il t'en souvient, Zurich, t'ont coûté bien des larmes.
Sans défense, au milieu du tumulte des armes,
Philosophe pieux, le sage Lavater
Secourait des blessés, quand un indigne fer
D'un cœur trop généreux brisa la destinée (14).
Honte au lâche soldat dont la main forcenée
Renversa le vieillard !... ô douleur ! ô regret !
La mort du bienfaiteur fut le prix du bienfait ;
Et c'était un des tiens, France, et de ton histoire
On ne peut d'un tel crime effacer la mémoire !

Ecartons un objet de douloureux soupirs ;
Cette contrée abonde en riants souvenirs :
Au pied du mont Albis voici l'aimable asile
Du vertueux Gessner, ce chantre de l'Idylle,
Qui, poète charmant et peintre tour-à-tour,
Célébra les bergers, l'innocence et l'amour (15).
Sur les bords de la Sihl, et dans ce frais bocage,
Il chantait le printemps, et les fleurs, et l'ombrage,
Les graces de Chloé, ce trouble séducteur
Que le premier amour cause en un jeune cœur,

De Myrtil, de Daphné la tendresse ingénue,
Et la beauté sans fard, et l'innocence nue;
Là, peignant la vertu dans ses chastes attraits,
Il rêvait l'âge d'or qui n'exista jamais.

Enfant, j'aimais la Suisse, et déjà ma pensée,
Vers les monts de Lucerne avec force élancée,
Admirait en espoir leurs sommets éthérés
Que des héros pasteurs jadis ont illustrés :
Les récits de leur gloire électrisaient mon ame;
Leur souvenir encore et m'inspire et m'enflamme.
Voilà donc de l'honneur cet antique séjour,
Où périt Winkelried (16), où Tell reçut le jour (17),
Où trois hommes vaillants, unis par la vengeance,
Des Cantons, les premiers, jurèrent l'alliance!
Noble triumvirat, braves confédérés,
La nature applaudit à vos serments sacrés :
Furst, Werner et Melthal, noms chers à la victoire (18),
Sur vous brille à jamais l'auréole de gloire.
Altorf, riant Burglen, et toi, pompeux Ruttli (19),
Forêts de l'Unterwald, sommets glacés d'Uri,
L'Eternel, à grands traits, de ses mains vénérables
Vous avait dessinés pour des faits mémorables (20).
Beau lac, rochers altiers, votre imposant aspect
Me remplit à la fois de crainte et de respect;
Vous fûtes honorés par un effort sublime,

Quand, de la liberté conquérant légitime,
L'Helvétien, armé de glaives dévorants,
Vengea la terre esclave, et punit ses tyrans.

Quel plus digne sujet pour une muse épique!
La sauvage Helvétie est la terre classique
Et de l'indépendance et de l'égalité.
Guidé par la nature et par l'humanité,
Le poète eût décrit la révolte sublime
De la simple vertu contre l'orgueil du crime;
Au seul aspect des lieux, son génie inspiré
Eût, dans leurs souvenirs, puisé le feu sacré;
Empruntant ses accents à la nature même,
Aux Alpes il eût dit: Vous êtes mon poëme (21)!
Son énergique vers aurait peint dignement
L'immortel Winkelried et son beau dévoûment;
On eût vu des tyrans l'idole renversée,
L'Helvétien vainqueur, et l'Autriche abaissée;
Il eût montré Sempach, Nefels, et des exploits
Que le cœur peut au moins approuver une fois (22);
Mais l'Helvétie attend une muse guerrière,
Et, féconde en héros, il lui manque un Homère.

Hélas! pourquoi faut-il qu'enfant dénaturé,
Promenant dans l'Europe un nom dégénéré,
D'un trafic odieux victime volontaire,

Le Suisse de nos jours, combattant mercenaire,
Vende aux rois ses drapeaux, son sang, sa liberté,
Et de son toît natal se soit déshérité ?
L'or a-t-il le pouvoir de payer le courage (23) ?
Celui qui met ainsi sa valeur en ôtage,
N'est qu'un soldat sans force, un guerrier sans vertu :
Qui s'arme pour de l'or est sans peine abattu.
Infortuné, reviens de ton erreur extrême,
Ne cesse pas d'être homme, et digne de toi-même.
Rappelle-toi Morat (24) : qu'un ambitieux roi
Envahisse tes champs, alors combats pour toi.
Le soldat, qui se courbe en remuant la terre,
Fièrement se redresse au premier cri de guerre (25) ;
C'est là le vrai soldat, le guerrier citoyen.
Vivre libre pour l'homme est le suprême bien :
Conserve ce trésor légué par tes ancêtres ;
Garde-toi d'abaisser ton front devant des maîtres ;
Sois comme le lion, qui, calme avec fierté,
Repose dans sa force et dans sa dignité.
Qu'on dise encor long-temps : Vingt peuples qu'on renomme
Subissent sans rougir la volonté d'un homme ;
Mais le Suisse indompté se gouverne sans rois,
Chez lui la vertu règne, et les mœurs font les lois (26).
Je sais qu'une cité, fausse républicaine,
Parlant d'indépendance, agit en souveraine (27),
Que Berne, trop souvent, sur le peuple trompé

A fait peser le joug d'un pouvoir usurpé,
Qu'en son avare sein sa froide politique
Mènace d'engloutir la liberté publique :
Nation confiante, au mépris de tes lois,
Un sceptre clandestin ose saper tes droits ;
Ah ! ne souffre jamais qu'une injuste puissance
De ton égalité vienne troubler l'essence.
A vous-mêmes soumis, sages Helvétiens,
Vous n'êtes point sujets, vous êtes citoyens.
Sans relâche opposez la gloire aux artifices :
Ainsi Rome, autrefois, confondant ses patrices,
Aux coupables desseins d'un orgueilleux sénat
Opposait son courage et les lois de l'État.

II.

Le lac de Thoune. — Navigation. — Lever du soleil dans les Alpes. — Lauterbrunn. — Le Staubbach. — Grindelwald. — Les Glaciers.

> En voyageant en Suisse, le peintre trouve à chaque pas un tableau, le poète une image, le philosophe une réflexion.
>
> Le pasteur BRIDEL, *Course de Bâle à Bienne.*

Liberté ! Liberté, des grands cœurs si chérie,
Sans toi point de bonheur, sans toi point de patrie !
Fille de l'Éternel, sœur de la Vérité,
Tu répands tes bienfaits avec égalité ;
Soutien de nos travaux, tu fécondes nos ames ;
Du génie excité tu rallumes les flammes ;

L'esclave en rougissant se réveille à ta voix ;
Tu fais fleurir la paix, et n'obéis qu'aux lois.
Pour jamais loin de nous l'odieuse licence
Qui blasphême ton nom, profane ta puissance,
Transforme un noble usage en criminel abus,
Se pare insolemment du manteau des vertus,
Masque l'ambition, et sert la tyrannie !
Oui, de la Liberté funeste calomnie,
Effroi de l'honnête homme, et plaisir des méchants,
L'inhumaine licence enfante les tyrans.

Vierge austère et sublime, ô toi, Liberté sainte !
Si tu fuis les cités et leur servile enceinte,
N'as-tu donc plus d'asile ; ou ton aspect trompeur
N'est-il, comme l'espoir, qu'un rêve séducteur ?
Helvétiques tribus, l'éclat de votre gloire
N'est-il plus qu'un reflet du fanal de l'histoire ?
Pour vous, républicains, peuple fils de héros,
Patrie, indépendance, étaient donc de vains mots ?...
Ah ! si la Liberté déserte vos campagnes,
Je respire son souffle avec l'air des montagnes ;
Il agrandit mon être ; il épure mes sens ;
Ma faible voix s'élève à de plus fiers accents.

Me voici sous ta garde, ô nature ! ô ma mère !
Et d'un pied libre, enfin, je puis fouler la terre (1) ;

Nul mortel entre nous ne vient s'interposer (2) ;
Mon ame loin du monde aime à se reposer.

Des Alpes j'ai franchi l'imposante limite.
Thoune, qui décrira le charme de ton site (3)?
Quel poète inspiré, quel magique pinceau,
De tes bords enchanteurs traceront le tableau ?
Qui pourra définir ta grâce romantique,
Ton idéal aspect, ton lac mélancolique?
Dans cette grande image, où tout est plein de toi,
Souverain créateur ! je reconnais ta loi;
Partout, à chaque instant j'admire ta puissance,
Et je sens ta bonté dans ta magnificence (4).

Mais le temps fait son cours : comme une lampe d'or,
A l'horizon brumeux la lune veille encor :
C'est du berger discret l'heure mystérieuse ;
Du voyageur aussi c'est l'heure aventureuse ;
L'esquif est prêt, on part : m'enlevant au repos
Le désir curieux m'entraîne sur les flots,
Et le seul aviron, qui retombe en cadence,
De la plage déserte interrompt le silence.
D'un beau jour, cependant, timide précurseur,
Le crépuscule épanche une faible lueur;
Au souffle matinal de la brise légère,
De blanchâtres vapeurs s'élèvent de la terre,

Et de Phébé déjà le disque pâlissant
Semble fuir dans les cieux devant le jour naissant.
A l'humide Orient l'aurore se fait place,
Elle fond les brouillards que son éclat efface,
Répand l'azur et l'or sur la neige des monts,
Et va dompter la nuit dans le creux des vallons.
Les hôtes des forêts ont quitté leur asile ;
Tout renaît, tout s'émeut : bientôt le grèbe agile,
Quand la neige bleuit à l'aube du matin,
Ouvre au vent frais et pur son plumage argentin (5).
Le père des saisons, le roi du jour s'avance :
Dans les plaines du ciel, radieux, il s'élance ;
Son orbe éblouissant, dans l'espace emporté,
Sur le front des glaciers roule avec majesté,
Et, des ombres vainqueur, sur la nature entière
Il verse des torrents de vie et de lumière.
Comme une heureuse épouse, aux premiers feux du jour
La terre, en s'éveillant, sourit avec amour.
La vapeur se dissipe, et les Alpes sublimes
Étalent de nouveau leurs gigantesques cimes,
Où règne avec le froid l'éternelle blancheur,
Où s'écoulent les ans sans changer de couleur (6).

Neige, froid vêtement et deuil de la nature,
Ton linceul, de l'hiver monotone parure,
Est un voile d'oubli sur la terre étendu,

Qui cache un grand secret à nos yeux défendu.
Tu contiens du passé les antiques annales,
Et du sombre avenir les semences fatales.
Ces rochers décrépits, par l'âge mutilés,
Ces monts, contemporains des siècles écoulés,
Ces archives du temps, où notre sort se fonde,
En savent plus que nous sur l'histoire du monde.
O neige, qui les couvre et leur sers de manteau,
Peut-être des humains tu seras le tombeau!
Je lis avec terreur, dans ton morne silence,
Du globe refroidi l'entière décadence;
Tu dis : Les temps viendront, ils viennent; l'univers
N'offrira plus au jour que d'horribles déserts..... (7)
Mais, non; jeune toujours, et toujours florissante,
Dans sa propre vigueur la terre s'alimente;
La Providence veille, et, d'un heureux effort,
L'existence renaît dans le sein de la mort.
Sous ces remparts glacés habite la nature :
Dans leurs flancs caverneux, abîmes de froidure,
Elle dispose, unit les éléments secrets,
Et du moteur suprême accomplit les décrets.
Là, dans l'obscurité d'une grotte profonde,
Elle combine en paix les principes de l'onde,
Travaille sans relâche, et ces mêmes glaciers,
Si redoutés, si fiers, sont d'humides foyers
D'où s'échappent ces lacs, ces fleuves, ces rivières,

Qui fécondent nos champs de leurs eaux tributaires :
Ainsi, du froid séjour de la stérilité
Proviennent l'abondance et la fertilité.

Enfin je vous domine, amphithéâtre immense
D'immortels monuments, vieux témoins de l'enfance
De ce globe, et témoins de son sort à venir;
Vos flancs ont tout vu naître, ils verront tout finir;
D'un regard curieux je sonde leurs abîmes (8) :
Des monts diluviens interrogeant les cimes,
Je contemple à la fois tous ces pics menaçants,
Hérissés des glaçons d'un hiver de mille ans.
De ces vastes hauteurs, suspendu sur le monde,
J'entrevois des humains la misère profonde,
Et, pensive au milieu de cette immensité,
Mon ame dans les cieux a lu l'éternité.

Là, j'aime à méditer, rêveur et solitaire,
Sur l'orgueilleux néant des grandeurs de la terre.
L'homme a dit, usurpant le domaine éternel :
« Le monde est fait pour moi, je suis fait pour le ciel. »
Vanité! vanité! misérable fantôme,
Dans la création perdu comme un atôme,
Jouet des éléments, dans le vague emporté,
Tu meurs en prédisant ton immortalité!
Homme, ton rêve est beau, mais c'est *un grand peut-être*(9).
Tu t'ignores toi-même, et prétends tout connaître;

Tu parles de grandeur.... esclave audacieux,
Ta sphère n'est qu'un point, la grandeur est aux cieux,
Dieu seul est immortel (10); le reste est un mystère.
L'aigle, roi du désert, méprise aussi la terre;
Mais, soutenant son vol au céleste séjour,
Il plane entre la foudre et les rayons du jour.
Des mains du Créateur l'aigle a reçu des ailes;
Dieu lui donna la force et des serres cruelles;
Dieu le voulut ainsi : toi, d'ailes dépourvu,
Ton lot fût de ramper, sur le sol retenu.
Crois-tu donc, téméraire, en ta fougue insensée,
A travers l'infini voler par la pensée?
A tes pieds, sous tes yeux, il est mille secrets
Que ton esprit borné ne comprendra jamais.
Toutefois, peu content de posséder les choses,
En voyant les effets, tu veux savoir les causes;
Vain effort : Dieu se cache aux cœurs ambitieux.
O Dieu! que ton ouvrage est vaste et glorieux!
Et nous, inaperçus dans l'océan des êtres,
A la création nous commandons en maîtres,
Et ces maîtres si fiers ne se commandent pas!
Notre orgueil imprudent excite cent combats
Entre les éléments de notre double essence;
Impuissants, nous voulons envahir la puissance;
Victimes, tour-à-tour, de vils, de nobles soins,
De superbes désirs, d'humiliants besoins,

D'un savoir mensonger la subtile apparence,
En égarant nos sens, accroît notre ignorance.

Rochers altiers, du globe énormes fondements,
Vous avez vu tomber nos frêles monuments;
Carthage n'est qu'un nom; Rome n'est plus dans Rome (11);
Ces ruines d'hier sont antiques pour l'homme.
Les temples sont muets, dans la poussière épars,
Et l'herbe s'est assise au trône des Césars.
On cherche la tribune où tonna Démosthènes;
Le temps a dévoré la glorieuse Athènes;
Sa puissance ne vit que dans nos souvenirs;
La Grèce, au lieu de chants, n'a plus que des soupirs.
Mais vous, monts de granit, nés avec la nature,
De vingt siècles encor vous braverez l'injure.

De mes sombres pensers interrompant le cours,
Un frais vallon m'invite en ses heureux détours.
Que j'aime, Lauterbrunn, ta solitude austère (12),
Ce baume d'un air pur qui jamais ne s'altère,
Des pins silencieux le calme inspirateur,
Qui rafraîchit mes sens, et qui parle à mon cœur!
Que j'aime à contempler les formes fantastiques,
Des rochers, figurant des tours et des portiques,
Ou bien les murs noircis d'un castel ruiné!
Du sauvage désert l'aspect désordonné,

Des pics majestueux les éclatantes cimes,
En ces lieux tout me plaît, tout, même les abîmes.
J'admire le torrent qui roule, impétueux,
De l'épaisse forêt le sentier tortueux,
Les antres écartés, les montagnes bleuâtres,
Dessinant sur le ciel leurs longs amphithéâtres.
Qu'avec plaisir je vois le rustique châlet,
Où, vivant inconnu, pauvre, mais satisfait,
Le pasteur, ignorante et simple créature,
Dort avec confiance au sein de la nature.

Le Staubbach me présente un spectacle nouveau,
Et déroule à mes yeux son magique tableau (13).
Un fleuve tout entier s'échappe de la nue;
Son onde se divise, et coule suspendue,
Comme un ruban d'azur qui flotte dans les airs.
Du torrent dispersé partent de longs éclairs;
Le soleil, se jouant sur cette écharpe humide,
Embrase de ses feux la poussière liquide;
Ce n'est plus qu'un nuage, et son réseau charmant,
Tel qu'un zéphyr tissu, plane légèrement (14):
Il s'abaisse, il retombe, et des ruisseaux de pluie
D'une fraîche rosée humectent la prairie.

Vous m'opposez en vain, habitants des cités,
Vos théâtres pompeux, et leurs plaisirs vantés:

De vos décorateurs la risible imposture
Pense avec du clinquant imiter la nature ;
C'est la calomnier, on ne l'imite pas.
Venez à Grindelwald, osez suivre mes pas (15) ;
Contemplez des glaciers le brillant phénomème (16) ;
A vos froids opéra comparez cette scène ;
Ou plutôt, demeurez : des spectacles si grands
Ne seraient point compris de cœurs indifférents.

Où suis-je ? J'ai cru voir une mer menaçante,
Surprise par le gel, au fort de la tourmente
Comme, aux confins du monde, on nous peint ces climats
Où la vague s'élève, et retombe en frimas ;
J'ai cru toucher au pôle, à ces âpres contrées
Où s'arrêtent les flots des mers hyperborées.
Sur cet amas confus de glaçons entassés
J'ai cru lire ces mots par l'Eternel tracés :
Tu n'iras pas plus loin.... Des phalanges guerrières
Des Alpes cependant ont franchi les barrières.
Avec étonnement ces froides régions,
D'Annibal, de César ont vu les légions.
Le Français, à son tour, y vint mêler naguère
A la foudre du ciel les foudres de la guerre :
Aux éléments, alors, quand un chef indompté
Fièrement imposait sa forte volonté,
On vit l'aigle française avec l'aigle sauvage

Du domaine des cieux disputer le partage (17);
Le trône nébuleux de l'hiver éternel
D'un nouveau Jupiter fut un moment l'autel;
Et, fatiguée encor d'admirer tant d'audace,
La nature en gémit dans son palais de glace;
Mais ces lieux sont rentrés dans le sein du repos:
Le silence immobile habite le chaos.

Ainsi, dans l'Oberland, quand d'une haute cime
S'écroule l'avalanche (18) avec un bruit sublime,
Sous son énorme poids les monts sont agités;
Les pins brisés font feu, sous les glaçons heurtés;
Le colosse bondit, tombe, et l'ame troublée
Croit dans ses fondements la nature ébranlée (19):
Par degrés, cependant, le calme est rétabli;
L'avalanche n'est plus qu'un tonnerre affaibli:
Toute craintive encor, la rapide hirondelle
Au sein des airs émus s'enfuit à tire-d'aile;
Les loups hurlent au loin, le daim court aux abois,
Et l'écho de leurs cris gémit au fond des bois:
Mais au tumulte affreux, dans le désert immense,
Bientôt va succéder le morne et froid silence;
Le bruit décroît, il meurt; le trouble est réparé,
Et l'ordre universel n'est pas même altéré.

Si des glaciers déserts la cime est désolée,
La ceinture de Flore embellit la vallée;

La fleur s'y plaît, malgré l'inclémence des airs,
Et le printemps sourit au milieu des hivers.
La scabieuse, pâle en sa langueur touchante,
La tendre violette et la fraise odorante,
Y bravent la froidure (20). Un papillon badin,
Charmé de leurs parfums, y vole; mais soudain
Du souffle des glaciers il a senti l'atteinte;
Il accourait joyeux, il s'enfuit avec crainte.
Ainsi l'adolescent qu'enflamme le désir,
Auprès de la beauté suit l'instinct du plaisir;
Un soupir lui répond; dans l'ardeur qui le presse,
Le jeune amant déjà dérobe une caresse....
Tout-à-coup un vieillard apparaît, son aspect
Dissipe les amours que glace le respect.

La solitude à deux, c'est là le bien suprême:
Admirer la nature auprès de ce qu'on aime,
C'est l'avant-goût du ciel. Sevré d'un tel plaisir,
Notre cœur se débat, il cherche à s'étourdir
Dans l'âpre volupté de la mélancolie.
Monts de neige, à vos pieds volontiers je m'oublie;
Je me plais, je m'instruis dans mon isolement;
La nature a pour moi l'attrait du sentiment;
Le désert à mes yeux perd son aspect sauvage;
La solitude parle, et j'entends ce langage.
Dans le bruit prolongé des rapides torrents,

Dans la voix des échos sans cesse murmurants,
Dans le vent qui gémit sous les roches antiques,
J'ai cru saisir parfois des accents prophétiques.
Ici rien ne se taît ; la terre élève au ciel
De la création le concert solennel,
Et des forêts encor l'harmonieux silence
Adresse au Dieu vivant sa muette éloquence.
Sur ces monts, dont la crête est voisine des cieux,
L'auguste Providence étale sous nos yeux
De son livre imposant une sublime page ;
Mais l'œil mortel se perd en un si vaste ouvrage.
Livre où de l'Eternel sont écrits les desseins,
Que sont auprès de toi tous nos systèmes vains ?
De la main du Très-Haut je reconnais l'empreinte ;
Mon esprit confondu s'humilie avec crainte.
Non, tu n'es plus caché, monarque universel,
Et c'est sur les hauts lieux qu'est placé ton autel :
Là, parmi tant de fleurs, j'ai trouvé ce dictame
Qui soulage le doute, affreux tourment de l'ame :
O nature ! pour prix de tes bienfaits touchants,
Mon luth qui t'est fidèle, aura de nouveaux chants.

III.

Le lac de Bienne et l'île de Saint-Pierre. — Le lac de Genève. — Clarens. — Le Mont-Blanc.

O Kænt'ich, ubekant und still, fern vom gestimmel
Der stadt, wo dem redlichen unausweichliche fall
Strike gewebt sind, wo sitten und verhæltnisse tausend
Thorheiten adeln, kænt'ich in einsamer gegend mein
Leben ruhig wandeln, im kleinen land-haus beym
Lændlichen garten, unbeneidet und unbemerckt!

SAL. GESSNER, Die wunsch.

Que ne puis-je, inconnu, vivre loin des cités,
Où les cœurs purs sont des victimes,
Où l'usage et les mœurs ont rendu légitimes
Tant de folles iniquités!
Que ne puis-je, passant le reste de ma vie
Sous un rustique toît entouré d'un verger,
Etre également étranger
A la gloire comme à l'envie!

Malheur à ce mortel qui dans la solitude
Traîne d'un cœur blasé l'aride inquiétude,
Et des projets déçus, et de cuisants regrets!
Dans un séjour paisible il cherche en vain la paix:

Chancelant sous le poids de sa triste existence,
Abreuvé d'amertume, et mort à l'espérance,
Las de tout, il s'écrie, en sa morne douleur.
Je porte le désert dans le fond de mon cœur,
Et moi-même je suis le tombeau de mon ame (1)! ...
Mais l'homme vertueux, et que l'honneur enflamme,
Qui, jeune, a dédaigné l'éclat pernicieux
Dont l'opulence altière importune nos yeux,
Si ses jours obscurcis sont en butte à l'orage,
La solitude encore assure son courage;
Intrépide et serein dans son adversité,
Il s'y complaît; il dit, fort de sa dignité.
Je brave les autans qui menacent ma tête,
Comme le noir sapin j'affronte la tempête!...

Merveilles des glaciers, religieux déserts,
Monts, terrestres autels du Dieu de l'univers,
Vous m'avez raffermi contre l'incertitude:
Croire est l'un des bienfaits dus à la solitude.
Qui pourrait la souffrir avec l'impiété?
Quel homme en rapporta son incrédulité (2)?
Epurée au flambeau de la philosophie,
La peine s'y transforme en douce rêverie,
Tristesse qu'on chérit, mal qui n'est pas douleur,
Souffrante volupté qu'on préfère au bonheur (3).

Monts, qu'à regret je quitte, une scène nouvelle
De vos âpres sommets aux vallons me rappelle ;
Je veux, me reposant sur ces gazons fleuris
D'où le regard s'étend sur les flots aplanis,
Méditer jusqu'à l'heure et solitaire et sombre
Où les flancs du Jura s'effaceront dans l'ombre.
O lac de Bienne ! ô toi, doux reflet d'un ciel pur !
Le calme est sur tes bords, comme dans ton azur.
Avec sa blanche voile, à l'horizon à peine
Je découvre et je suis la pirogue lointaine,
Semblable, dans sa fuite, à l'aile de l'oiseau
Qui vole vers son nid, en se jouant sur l'eau.
Mais, paraissant surgir de l'onde transparente,
Reine du lac, se montre une île verdoyante :
Tels on voyait jadis, sur la mer de Naxos,
Dominer les bosquets de l'aimable Délos.
Secondez-moi, zéphyrs, de votre molle haleine :
Traçant un long sillon sur la liquide plaine,
La nef qui me conduit vogue légèrement,
Et bientôt j'ai touché le rivage charmant.
Délicieux séjour ! le chêne vénérable,
Patriarche des bois, s'unit au vieil érable ;
Comme en un temple saint, sous leurs dômes épais
On respire l'amour, l'innocence et la paix.
Quels amants fortunés, ou quel heureux poète,
Loin du monde ont choisi cette île pour retraite ?

L'écho seul me répond, mais il va tressaillir
Au grand nom dont il doit garder le souvenir.
Ce bois silencieux fut l'asile d'un sage :
Autrefois, sous l'abri de son antique ombrage,
Il accueillit Rousseau, proscrit, persécuté,
Victime de l'honneur et de la vérité (4).

A la vertu fidèle, à la raison docile,
Trop heureux le mortel qui pourrait, dans cette île,
Voir s'écouler ses jours en modestes loisirs !
L'étude et l'amitié formeraient ses plaisirs :
Tranquille, tour-à-tour il verrait, du rivage,
Les flots de ce beau lac, sillonnés par l'orage,
Ou mollement pressés du zéphyr amoureux.
Le bonheur serait là.... mais peut-on être heureux ?
Sur cette terre, hélas ! notre vie est un songe,
Le bonheur un fantôme, et l'espoir un mensonge ;
Nous vivons, sous l'arrêt tyrannique du sort,
En maudissant la vie et redoutant la mort ;
La douleur, le trépas, voilà l'histoire humaine (5).

Du néant ici-bas tout supporte la peine :
La faulx du temps un jour dévastera ces lieux ;
Tout meurt : vous périrez, bosquets délicieux ;
Beaux arbres, couronnés d'une verte vieillesse,
Vous n'échapperez pas au destin qui vous presse ;

Vous tomberez ; le nom de l'immortel Rousseau
Sera maître du temps et vainqueur du tombeau.

Arbres majestueux, bocage, aimable asile,
Vos ombrages si frais ont vu l'auteur d'*Emile*,
Alors que, retrouvant un repos passager,
Il se berçait encor d'un espoir mensonger :
C'est là qu'il méditait ; dans cette solitude
Il plaignit les humains et leur ingratitude :
Parlez moi de Rousseau, de ce peintre du cœur,
De ce génie à part qu'inspirait la douleur,
Propice aux affligés, aux méchants inflexible,
Et malheureux toujours, parce qu'il fut sensible (6).

De chagrins, à mon tour, et d'ennuis consumé,
Je n'aime point le monde, et n'en suis point aimé (7) :
On y craint les accents d'une franchise austère ;
Dans la foule toujours j'ai vécu solitaire :
La fortune y sourit pour les seuls intrigants ;
Le malheur a soufflé sur la fleur de mes ans.
Dans ce monde pervers, au défaut de sagesse,
Son beau nom profané se reproduit sans cesse ;
Chacun avec excès vante la probité,
Mais personne n'en veut avec sa pauvreté.
Il est noble pourtant d'accepter ce partage,
De dire : l'infortune est l'école du sage ;

Soit : je vois le péril; sans en être abattu,
Je brigue les revers qui suivent la vertu.
Inestimable bien ! vertu, santé de l'ame (8),
Viens épurer mon cœur de ta céleste flamme !
L'honnête homme, appuyé sur son intégrité,
Marche vers l'avenir avec sécurité;
Il voit d'un œil serein le terme de la vie.
Laissons l'ambition, sérieuse folie,
Se creuser son tombeau; sachons vivre pour nous;
Du véritable honneur les honneurs sont jaloux;
La gloire est un grand bruit, et j'aime le silence.

Age d'or de ma vie, ô jours d'adolescence!
Temps des illusions, qu'êtes-vous devenus ?
Espoir, amour, bonheur, vous ne reviendrez plus !
Que ne me laissiez-vous cette douce incurie,
Et les songes riants du matin de ma vie !
L'homme était bon alors; l'air me semblait plus pur;
Je trouvais même au ciel un plus beau fond d'azur;
Mon cœur avec transport savourait sa jeunesse,
Il croyait aux vertus ainsi qu'à la tendresse;
Trop tôt la vérité vint dessiller mes yeux.

La nature me reste, et la terre et les cieux
Ont de quoi tempérer l'ennui de l'existence;
Qui chérit la nature aime encor l'innocence.

Cherchons des lieux où brille un reflet des vertus,
Des sentiments qu'on vante et qu'on n'éprouve plus.
L'homme partout est l'homme, inconstant et fragile,
Et partout son étude est pénible ou stérile;
La nature, elle seule, en ses chastes attraits,
Ignore l'artifice et ne trompe jamais.
Sur les bords du Léman qu'elle est belle et touchante !
Mon cœur a salué cette rive charmante.
Image du bonheur et berceau de l'amour,
De Saint-Preux, de Julie, harmonieux séjour,
Clarens! dans ton air pur je goûte avec ivresse
Le souffle ravissant du dieu de la tendresse (9),
Il pénètre mon ame, et je me sens saisir
D'un transport inconnu, plus doux que le plaisir.
Tout ici de l'amour proclame la puissance :
Sous les tièdes zéphyrs l'arbre qui se balance,
Le rivage fleuri, caressé par les flots,
Les gazons parfumés, les concerts des oiseaux,
Tout semble faire entendre une voix qui murmure :
« Ne cherche le bonheur qu'au sein de la nature. »

Mais hélas ! vainement et du cœur et des yeux,
Plein de mes souvenirs, j'interroge ces lieux :
Le bosquet de Clarens est privé d'harmonie;
L'écho ne répond plus au doux nom de Julie;
Du génie autrefois il empruntait l'accent,

L'écho reste muet, le génie est absent.
Eh quoi! ces bords n'ont-ils qu'un charme imaginaire (10)?
La sensible Julie et son aimable Claire,
Le stoïque Wolmar, l'infortuné Saint-Preux,
Et le sage Bomston, cet anglais généreux,
Tout ce récit divin n'était qu'un beau mensonge?
Tant d'amour, de vertus, n'existèrent qu'en songe?...
Ah! mon cœur détrompé veut s'abuser encor;
Le poète a besoin de croire à l'âge d'or.
Beau Léman, je confie à ta plage isolée
Les sentiments confus de mon ame troublée:
Je veux croire à l'amour, je veux croire au bonheur,
Et si mon cœur s'égare, il aime son erreur.
Clarens, Vevay, Chillon, roches de Meillerie,
Votre vue entretient ma tendre rêverie;
Laissez-moi sommeiller, le réveil est amer.

Le Léman me sourit; cette petite mer,
Par la brise du soir mollement agitée,
M'offre l'aspect lointain d'une moire argentée (11).
On conte que jadis, malgré l'ordre des cieux,
L'Océan révolté vint occuper ces lieux;
L'amour l'y captiva, Genève sut lui plaire;
Mais, forcé de quitter cette rive si chère,
Et vers son ancien lit retournant à regret,
A Genève, en partant, il laissa son portrait (12):

J'aime de ce récit la fable ingénieuse.

Pensif, au bruit léger de l'eau mélodieuse,
A la chûte du jour, avec quelle douceur
Je goûte sur ces bords le calme et la fraîcheur!
Que ce beau lac me plaît! que son onde est limpide!
Spectacle ravissant! Vers son cristal liquide
Les monts et les forêts s'inclinent pour se voir;
L'astre des nuits s'admire au mobile miroir;
Les étoiles, du ciel sublime poésie (13),
Semblent y contempler leur lumière adoucie.
Aux confins du Valais, dans un lointain obscur,
Une clarté douteuse expire dans l'azur:
C'est là que le Mont Blanc règne en maître suprême;
Sur son front sourcilleux est un blanc diadême;
Son trône est sur les rocs; l'avalanche, en ses mains,
Est un sceptre de glace effrayant les humains;
Revêtu d'un manteau de frimas, de nuages,
Il commande à la terre, et préside aux orages (14).

O nuit! l'homme pervers, par le crime agité,
Redoute ton silence et ton obscurité;
Le remords l'y poursuit; au milieu des ténèbres
Il est environné de visions funèbres;
L'ombre n'a plus pour lui ni calme ni fraîcheur;
Mais de l'homme innocent tu délasses le cœur,

O bienfaisante nuit, sommeil de la nature!
Il aime à retrouver ta solitude obscure;
Car le jour trop souvent ne découvre à ses yeux
Que l'injustice humaine et le vice odieux:
Le malheur doucement repose en ton silence,
O nuit! et du soleil regrette moins l'absence.

Mais dans les airs s'élève un cantique d'amour,
Et l'oiseau matinal a salué le jour:
Reprends, ô pélerin! ta route solitaire:
Voyageur isolé, tu trouves sur la terre
Des hôtes chaque soir, et des amis, jamais:
Chacun de tes plaisirs est mêlé de regrets.
Allons, il faut partir; cette rive chérie
De mortels plus heureux est la belle patrie....
Le triste pélerin pousse un profond soupir,
Et marche en murmurant ces mots: Il faut partir.

IV.

Lausanne. — Coppet. — Genève. — Ferney.

> La nature s'y présente sous l'aspect le plus brillant: elle y étale une infinité de productions différentes; un lac rempli d'une eau claire et azurée; un beau fleuve qui en sort; des collines charmantes qui le bordent, et qui forment le premier degré d'un amphithéâtre de montagnes, couronnées par les cimes majestueuses des Alpes; le Mont Blanc, qui les domine toutes, revêtu d'un manteau de glaces.
>
> SAUSSURE, *Voyages dans les Alpes*, Introduction.

Les poètes l'ont dit, la vie est un voyage ;
De nos rapides jours c'est la fidèle image.
A l'instant du départ, nous prenant par la main,
L'Espoir, en souriant, nous montre le chemin ;
Mais son sourire, hélas ! est bien souvent perfide ;
Nous sommes égarés par la main qui nous guide,

Et ce chemin, d'abord si facile et si beau,
N'est plus qu'un labyrinthe, un dédale nouveau.
A nos regards charmés s'offre une hôtellerie;
Un autre séducteur, l'Amour, nous y convie;
Mais qu'il fait payer cher sa trompeuse douceur!
Il nous vend un poison pour prix de notre cœur.
La Fortune survient: son mobile caprice,
Sur un sentier fleuri qui cache un précipice,
Nous emporte à son tour; la pâle Ambition,
Les téméraires Vœux et la Séduction,
Forment, avec l'Erreur, son aveugle cortége:
Plus aveugles encore, entraînés dans le piége,
De périls en périls, de faux pas en faux pas,
Nous courons vers un but où l'on n'arrive pas.
Heureux si quelquefois l'amitié nous relève!
Plus doucement alors le voyage s'achève:
On partit du néant, on arrive à la mort.
Mort! néant! qui l'a dit? c'est peut-être le port;
Peut-être, fatigué de ses jours de misère,
Le voyageur s'endort entre les bras d'un père.

Le beau Léman que j'aime est encor sous mes yeux,
Et je suis lentement son contour gracieux:
Voici Lavaux, voici la côte renommée
Où mûrit le trésor d'une vigne embaumée (1).
L'automne acquitte enfin les travaux de l'été:

Une troupe champêtre assiége avec gaîté
Ces côteaux où se plaît le dieu de la vendange ;
Du Bacchus helvétique entonnant la louange,
Le villageois avide a cueilli le raisin ;
Son œil brille déjà de l'ivresse du vin ;
Et plus fraîches encor que la grappe vermeille,
Les filles tour-à-tour emplissent leur corbeille,
Ecoutent en riant les propos des garçons,
Comme un joyeux écho répètent leurs chansons.

Ce tableau pastoral, ces chants de la jeunesse,
Ont éclairci mon front que voilait la tristesse;
Et l'aimable cortége, et ses bruyants ébats,
Aux portes de Lausanne accompagnent mes pas.
Lausanne ! beau climat, asile tutélaire,
Tu conserves encor la trace de Voltaire :
Noble banni des cours, Voltaire, à Mont-repos,
Venait se préparer des triomphes nouveaux (2) :
Sur la terre il n'est point d'exil pour le génie.

Lausanne du malheur fut toujours la patrie (3) :
Là, ceux qui veulent fuir la haine des partis
Trouvent un abri sûr et des êtres amis.
Haineuses factions, qui comptera vos crimes ?
Vos héros d'aujourd'hui demain sont des victimes ;
La force tour-à-tour soumet la vérité ;
Mais, l'homme est innocent, s'il est persécuté (4) :

Le parti qu'on opprime est le parti du sage ;
Le triomphe à ses yeux n'est qu'un triste avantage ;
Il regarde en pitié tant d'efforts superflus,
Et se range toujours du côté des vaincus.
Ah ! loin de ces discords, dans une paix profonde,
Que ne puis-je fixer ma course vagabonde,
Sous un champêtre toit, près du lac azuré,
Dans un lieu solitaire aux muses consacré,
Sous l'abri d'un ciel pur et de lois protectrices !

Sur ces bords que Voltaire appelait ses délices (5),
Déchu d'un grand pouvoir, contre les coups du sort
Un ministre fameux sut rencontrer un port.
Rappelons-nous ce temps où notre belle France
Voulut la liberté, sans prévoir la licence ;
Un peuple généreux, sur ses droits éclairé,
S'élançait vers un but encor mal préparé.
Le siècle où de nos rois tomba la monarchie,
Issu du despotisme, eut pour fin l'anarchie (6) ;
Mais ce siècle accusait plusieurs siècles d'abus,
Pour la réforme enfin les temps étaient venus.
Au milieu des honneurs portant une ame libre,
Un ministre essaya de tenir l'équilibre ;
Le peuple se plaisait à retrouver en lui
D'un autre L'Hôpital le vertueux appui ;
Mais qui veut s'assurer les faveurs populaires

Doit redouter des grands les brigues ordinaires :
L'intérêt personnel est le vice des cours ,
Et les rois sont sujets à de tristes retours.
Necker en fit l'épreuve : à l'Etat qui chancelle
Par trois fois son génie offre un secours fidèle (7) ;
Salaire accoutumé du sage et du héros ,
L'exil devient le prix de ses nobles travaux ,
Et tandis qu'à Coppet il prépare sa tombe ,
Sous ses débris sanglants la royauté succombe.

Les gazons de Coppet, par Corinne foulés ,
N'ont plus de fleurs pour elle , et ces bois dépeuplés
Sont tristes et muets ; sous leurs arbres paisibles
Des tombeaux seulement parlent aux cœurs sensibles ;
La fille auprès du père ! O pieux monuments
Dont un soin filial posa les fondements ,
Vous êtes consacrés par un double génie !
Où Corinne vivait d'une si belle vie
De ses jours précieux a pâli le flambeau ;
Sa dernière demeure est près de son berceau (8).
Beaux arbres de Coppet , sous vos épais feuillages
Recevez le tribut des amants et des sages ;
Vous n'avez pas suivi vos possesseurs d'un jour (9),
Vous renaissez , pour l'homme il n'est point de retour !

Du Rhône et du Léman modeste souveraine ,
Des arts laborieux pacifique domaine ,

Tu m'apparais, Genève, et j'admire à la fois
Ton active opulence, et tes mœurs et tes lois.
Dans tes murs, où s'agite une heureuse industrie
Il est des citoyens, il est une patrie ;
Sous le soleil des arts fleurit la liberté.
Sois fière de ton sort, belle et docte cité ;
Nourris ce noble feu dont la clarté féconde
D'un point inaperçu resplendit sur le monde.
Des projets de Luther habile successeur,
L'impétueux Calvin, hardi législateur (10),
Dans Genève autrefois forma cette entreprise
Dont l'éclat fit pâlir les foudres de l'Eglise.
Fougueux réformateur, cet apôtre nouveau
De Luther expiré ralluma le flambeau,
Et, joignant son audace à l'audace première,
Sur son siècle surpris fit jaillir la lumière.
Hélas! les passions de leur souffle orageux
Changent une étincelle en un torrent de feux ;
La lumière s'éteint quand le bûcher s'allume :
L'infortuné Servet, que la flamme consume (11),
Semble nous dire encor : Genève eut des héros,
Mais elle eut des martyrs, mais elle eut des bourreaux.

Athènes de la Suisse, et comme Athène ingrate,
La cité de Calvin est celle de Socrate (12) :
Ici Rousseau naquit pour l'immortalité (13) ;

Au prix de son repos ce bien fut acheté :
Exemple de grandeur et de misère humaine,
Son existence, hélas! fut une longue peine.
Au nom de la raison et de la vérité,
Il secoua le frein de la société,
Brisa les préjugés, et d'une bouche pure
Fit comprendre aux mortels l'accent de la nature.
Du fond de saretraite interrogeant les rois,
Des peuples opprimés il reconquit les droits.
Grand homme! tu fis plus : toujours inimitable,
Tu voulus te montrer, innocent, ou coupable,
Et par un aveu rare étonnant l'univers,
Tu mis ton cœur à nu, sans voiler ses travers.
Apôtre séducteur de la mélancolie,
Peintre passionné de Saint-Preux, de Julie,
Ton coloris, empreint d'un idéal amour,
Eblouit notre cœur comme un rayon du jour.
Combien de fois, Rousseau, ton style plein de charmes,
Ami de l'infortune, a fait couler mes larmes!
Tes écrits de nos maux retranchent la moitié.
Objet digne à la fois de respect, de pitié,
A l'amour, au malheur, tu dois ton éloquence,
Et de la passion ta flamme était l'essence (14).
Ton ame usa ton corps, tu vécus pour souffrir ;
Ton sort fut un long deuil, et ta vie un soupir,

Soupir mélodieux, douloureuse harmonie,
Doux et triste concert, complainte du génie.

D'autres mortels, fameux par des travaux divers,
Du renom de Genève ont rempli l'univers.
De la docte cité Spon a tracé l'histoire (15);
Mallet de l'Helvétie enregistra la gloire (16);
Lefort la propageait, quand ce républicain
Alla civiliser un empire lointain (17).
Bonnet, d'un œil perçant contemplait la nature (18);
Conquérant du Mont Blanc, l'intrépide Saussure
Du globe interrogé trahit plus d'un secret (19);
Pictet, Huber, Deluc, Senebier et Ducret,
Osaient analyser les effets et leurs causes (20);
Satisfait d'admirer l'auteur de toutes choses,
Le modeste Abauzit, sans chercher l'inconnu,
Pour science première invoquait la vertu (21).

Terme cher et sacré de mon pélerinage,
Ferney, je viens t'offrir mon solitaire hommage;
Pour la seconde fois je te salue encor (22).
C'est de là que prenaient leur poétique essor
Tant d'écrits enchanteurs qui parcouraient le monde,
Ces drames, jets brillants d'une verve féconde,
Ces lettres et ces vers, faits pour l'intimité,
Qui sont tous parvenus à la postérité.

Là Voltaire régnait par l'esprit et la grace ;
Il avait du Jura fait un nouveau Parnasse ;
Poète sans rival, et vieillard sans déclin,
Balançant à Ferney le héros de Berlin.

O maison d'Aristippe ! ô jardins d'Epicure (23) !
Vous avez vu les arts soumis à la nature,
Quand Voltaire, lassé d'une vaine splendeur,
Rassasié de gloire, aspirait au bonheur.
Si ce bonheur, hélas ! ne fut point son partage,
Il put auprès de vous embrasser son image.
Oui, Voltaire, j'en crois tes vers harmonieux,
Ton lac est le premier (24) ; sur ses bords glorieux
Un intérêt puissant nous charme et nous attire ;
On croit entendre encor ta résonnante lyre,
Qui de la liberté chanta l'hymne inspiré :
Illustré par ton nom, par tes vers consacré,
Ton lac est le premier, ainsi que, libre et fière,
Et brillante toujours, ta Muse est la première.
Poète, historien, critique, fondateur (25),
Ton esprit est partout ; mais, à Ferney, ton cœur
Se survit, honoré dans ta plus belle page
Et le bien que tu fis est ton meilleur ouvrage (26).

Ma course est terminée ; ô lacs, monts et forêts,
Adieu donc ! je n'ai plus pour vous que des regrets.

Un murmure lointain présage la tempête,
Et l'aquilon déjà, qui mugit sur ma tête,
M'avertit qu'il est temps de presser mon retour :
L'hiver va ressaisir son nébuleux séjour.
Montagnes, où mon ame, un instant recueillie,
Savourait les douceurs de la mélancolie,
Je vous quitte, et déjà mon cœur désenchanté
En perdant les déserts sent fuir la liberté.
Adieu, nature! Adieu, touchante rêverie!
Je vais revoir les champs de ma noble patrie,
Cet heureux sol, chéri d'Apollon et de Mars,
Asile des héros, de l'amour et des arts;
Mais dans la France même, au centre de sa gloire,
Vos attraits enchanteurs vivront dans ma mémoire;
Comme un vieillard se plaît, en remontant ses jours,
Au riant souvenir de ses premiers amours.
Alpes! aux feux mourants dont le couchant se dore,
Des cimes du Jura mon œil vous suit encore.
Majestueux glaciers, poétiques sommets,
Recevez mes adieux, peut-être pour jamais!
Ne vous verrai-je plus? Egaré sur la terre,
L'homme a bientôt fini sa course solitaire;
Son rapide voyage a pour terme la mort :
Telle est la dure loi de l'inflexible sort.
Alpes! vous avez vu le matin de ma vie,
Des plus beaux de mes jours la rêveuse incurie,

Mon printemps s'est enfui, demain je serai vieux.
Helvétiques forêts, vallons délicieux,
Puissé-je, parmi vous, au déclin de mon âge,
Terminer de mes ans le court pélerinage,
Vous contempler encore à mon dernier soupir,
Et dans la nuit des temps, paisible, m'endormir!

FIN.

NOTES

DE LA PREMIÈRE PARTIE.

(1) page 3.

Séparant, unissant deux grands peuples voisins,
Sur le Rhin maîtrisé Bâle entre eux est assise.

La situation de Bâle, au point précis où se touchent la Suisse, la France et l'Allemagne, est commercialement fort avantageuse; aussi cette ville possède-t-elle de grandes richesses que l'industrie de ses habitants et leur esprit d'ordre tendent à augmenter incessamment. Si sa position est importante, elle est en même temps très pittoresque. Assise sur le Rhin, qui la divise en deux parties inégales, elle a pour horizon trois chaînes de montagnes, le Jura, les monts de la Forêt-Noire et les Vosges. La *Pfalz*, haute terrasse construite derrière la cathédrale, offre un bien bel aspect; mais une station préférable encore est le bastion de Saint-Jean : son rempart élevé est baigné par le Rhin; l'œil embrasse de là tout le développement de la ville, sous la forme d'un arc; on domine le fleuve qui décrit une courbe magnifique, et qui, large et rapide, coule majestueusement vers la France; le spectateur contemple, à sa droite, les derniers échelons du Jura, dont les sommets arrondis, couverts de pâturages, de bois et de castels ruinés du moyen-âge, s'abaissent vers le Rhin; à sa gauche, une portion de la fertile Alsace, encadrée dans les Vosges lointaines; devant lui, sur l'autre rive du fleuve, les plus vertes campagnes que couronnent des monts boisés qui sont des ramifications de la Forêt-Noire. L'ensemble de ce tableau est superbe; et si Bâle est, de ce côté, la porte de la Suisse, on peut dire que le voyageur conçoit dès l'entrée une imposante idée du pays.

(2) page 4.

Bâle pourtant n'est plus cette illustre cité
Qui jadis opposait, dans un hardi concile,
A d'injustes décrets l'autorité civile.

Le concile de Bâle, convoqué en 1431, dura dix-sept ans. Il succédait à celui de Constance, et se proposait de poursuivre l'œuvre interrompue de la réforme. Ces assemblées avaient pour but ostensible de remédier au relâchement survenu dans les mœurs du clergé, de corriger les abus, et d'opposer une digue aux envahissements du pouvoir temporel; réunions plus politiques que religieuses, sorte d'Etats-généraux, qui eurent lieu, tantôt avec l'assentiment des papes, tantôt sans leur aveu. Ce consentement d'ailleurs n'était jamais sans restriction, car le pontife, même le plus favorable aux institutions réformatrices, s'efforçait d'en éluder les effets. « Comme la plupart des monarques « malheureux, dit l'historien des Suisses, Muller, les papes ont moins « à se plaindre des circonstances, qu'à se reprocher de ne pas les avoir connues. »

Eugène IV, prenant en haine les projets de réforme, que son prédécesseur, Martin V, avait paru seconder, ne négligea rien pour en suspendre l'exécution. Une rupture s'ensuivit. Eugène excommunia (en 1449) le concile qui, à son tour, déposa le pape, et lui donna pour successeur Amédée, duc de Savoie, cet Amédée dont Voltaire a dit :

Il voulut être pape, et cessa d'être sage.

Amédée, sacré à Bâle sous le nom de Félix, ne jouit pas long-temps de sa dignité. Cet anti-pape, à la suite d'événements qui amenèrent la dissolution du concile, fut contraint de céder la thiare à Nicolas V, et alla finir ses jours dans sa retraite de Ripaille, dont il eût bien fait de ne point sortir.

Les magistrats Bâlois avaient secondé le concile de toutes leurs forces. Long-temps auparavant les habitants de cette ville s'étaient déjà signalés par leur vigoureuse opposition aux volontés des papes. Entre plusieurs exemples, celui-ci est à citer pour sa singularité. Excommuniés en 1345, au sujet de leur traité d'alliance avec les cantons confédérés, les bourgeois de Bâle déclarèrent à leurs moines, fauteurs de l'excommunication,

Qu'ils n'avaient qu'à lire et chanter,
Ou bien de la ville s'ôter.

On montre à Bâle la salle gothique où, dit-on, se réunissaient les membres du concile ; mais cette salle est fort exigue, et l'assemblée était nombreuse ; il semble donc plus présumable que les sessions avaient lieu dans le chœur de l'église cathédrale.

(3) page 4.

Saint-Jacques, ton renom est bien peu célébré.

Le combat de Saint-Jacques fut livré le 26 août 1444, à une demi-lieue de Bâle. Les confédérés suisses, au nombre de 1500 hommes, y tinrent tête à la majeure partie d'une armée de 30,000 Armagnacs, sous le commandement du dauphin, qui fut depuis Louis XI. Le corps suisse avait été détaché des camps de Zurich et de Farnsbourg, avec ordre d'opérer sa jonction avec Bâle. Sur sa route, il repoussa successivement deux forts escadrons. Un tel succès le rendit téméraire. Au lieu de chercher à pénétrer dans Bâle par le Rhin, ce qui était conseillé par la prudence, enhardis, électrisés, les Suisses traversèrent impétueusement la petite rivière de la Byrse, qui les séparait seule de l'armée ennemie. Bientôt coupés et cernés au hameau de Saint-Jacques, ils n'eurent plus qu'à se rendre ou à périr, et ce dernier parti fut celui qu'ils adoptèrent sans hésiter : *Nos ames à Dieu*, disaient ces héros en tombant, *et nos corps aux Armagnacs!* « Ils moururent, a dit un écrivain con-
« temporain (Æneas Sylvius Piccolomini), vaincus à force de vaincre. »
De ces 1,500 hommes, dix qui sauvèrent leur vie par la fuite, et trente-deux blessés qui guérirent, furent les seuls qui échappèrent au carnage. Le dauphin perdit 6,000 hommes ; il n'osa pénétrer dans le pays : « Si des centaines, disait-il, nous ont fait nager dans notre sang, « que ne feront pas des milliers? » Le premier traité d'alliance entre la France et la Suisse, conclu deux mois après, fut l'important résultat de cette action mémorable.

En 1823, bien tardivement, les Bâlois ont érigé, en l'honneur des Suisses morts à Saint-Jacques, un monument assez mesquin, imitant une flèche d'église gothique. Sur trois des faces de cet édifice sont figurés les écussons de neuf cantons qui avaient fourni des combattants; sur la quatrième on lit cette inscription allemande :

DEN BEY S. JACOB
IM JARH M. CCCC. XXXX. IIII.
GEFALLENEN SCHWEITZERN.
DIE BURGER VON BASEL,
M. VCCC. XX. III.

« Aux Suisses morts auprès de Saint-Jacques, en l'année 1444. Les bourgeois de Bâle, 1823. »

Le coteau qui domine Saint-Jacques produit un vin rouge, connu dans le pays sous le nom de *Sang-Suisse*. Les Bâlois se délectent de ce vin qui, tout médiocre qu'il est, échauffe leur imagination, à l'aide du souvenir des scènes du temps passé.

(4) page 4.

Là dort Erasme, lui dont la sagesse vaine
A tracé le tableau de la folie humaine.

Erasme, né à Rotterdam en 1467, termina sa carrière à Bâle, où il s'était retiré dès 1521. Sa mort eut lieu en 1536, le 4 juillet, et non le 12, ainsi que l'ont avancé la plupart des biographes. La preuve de cette date résulte de l'inscription latine tracée sur le tombeau du philosophe hollandais, dans la cathédrale de Bâle. J'ai copié cette inscription ; mais elle est trop longue pour être transcrite ici. Le marbre sous lequel repose le corps, fut placé par le professeur Boniface Amerbach, et par les imprimeurs Jérôme Froben et Nicolas Bischoff, le premier légataire universel d'Erasme, et les deux autres ses exécuteurs testamentaires.

Son testament est conservé comme une précieuse relique dans la bibliothèque de Bâle : on y montre, en outre, un recueil de ses lettres; son sceau, représentant le dieu Terme, avec la devise *nulli cedo*; deux anneaux (pierres gravées) qui lui ont appartenu; un exemplaire de son *Eloge de la folie*, avec des annotations marginales de sa main, et des dessins à la plume attribués à Holbein; enfin, son portrait peint par ce maître. Le Musée Royal de Paris possède un double de ce portrait, qu'on y donne aussi pour original : je n'ai point là-dessus d'opinion.

Erasme fut le savant le plus universel, et l'écrivain le plus spirituel de son temps; il n'a pas peu contribué à la renaissance des lettres : il sut, des premiers, débarrasser les discussions théologiques des arguties et des subtilités scolastiques trop usitées alors. Sa douceur naturelle influait sur ses opinions, qui furent toujours exemptes d'emportement; aussi se plaisait-il à répéter, qu'il n'aimait plus la vérité dès qu'elle se montrait séditieuse : c'était un caractère de juste-milieu. Son *Eloge de la folie* (*Encomium Moriæ* ou *Stultitiæ Laus*) est une satire fine et ingénieuse des divers états de la vie; aucun d'eux n'y est ménagé, pas même le sacerdoce. L'auteur s'attache à démontrer plaisamment qu'il n'est personne qui ne prenne une part quelconque à la folie générale qui, suivant lui, mène toutes les affaires d'ici-bas.

Ce fut, dit-on, pendant son séjour à Londres, chez Thomas Morus qui lui avait donné un appartement dans sa maison, qu'Erasme composa en huit jours ce livre singulier. Lorsque Léon X lut l'Éloge de la folie, il eut le bon esprit d'en rire, et dit : « l'auteur a aussi la sienne. » Les *Colloques* (*Colloquia*) ne sont lus maintenant que par les amateurs de belle latinité. Ces deux ouvrages sont de tous ceux d'Erasme les moins oubliés, et l'on ne regarde plus guère les autres que comme de curieux documents.

(5) page 5.

D'autres mortels ont là, pour prix de leurs travaux,
Un marbre, une épitaphe, et la paix des tombeaux

Indépendamment du tombeau d'Erasme, la cathédrale de Bâle en renferme une foule d'autres, consacrant la mémoire de personnages plus ou moins notables. Les nefs de l'église, un caveau fort antérieur à l'édifice actuel qui date de l'an 1019, et un cloître gothique d'un effet singulièrement pittoresque, sont remplis de ces monuments funéraires, dont plusieurs sont très anciens. Parmi tant de noms tracés là sur la pierre ou le marbre, j'ai remarqué celui de l'impératrice Anne, morte en 1281, épouse de Rodolphe Ier de Hapsbourg, fondateur de la monarchie autrichienne en 1273; ceux de deux personnages qui furent, l'un le premier bourguemestre de Bâle, et l'autre le premier recteur de l'université, fondée dans cette ville en 1460; celui d'Œcolampade (mort en 1531), théologien profond, propagateur des doctrines de Zwingli; celui du savant Simon Grynœus (mort de la peste en 1541), ami de Luther et de Mélanchton; celui de Jean-Louis Bauhin (1755), érudit, et d'une famille où la science fut héréditaire depuis le XVIe siècle, comme elle l'a été dans celle des Bernouilly, lesquels, au nombre de huit, ont successivement cultivé avec distinction diverses branches des mathématiques. — Le grand géomètre Euler et le fameux peintre Holbein étaient nés à Bâle; mais Euler mourut en Russie, et Holbein en Angleterre.

Maupertuis mourut à Bâle (1759) chez le professeur Jean Bernouilly; il ne fut pas enseveli dans la cathédrale; ses restes furent déposés dans l'église de Dornach, à deux petites lieues de la ville.

(6) page 5.

Près de ces mêmes bords gît une ville entière,
Morte, et qui de son peuple enferme la poussière;
Sépulcre délaissé de l'antique Augusta.

A deux lieues de Bâle, sur la rive gauche du Rhin, est un village appelé *Augst* : c'est le nom germanisé de l'antique *Augusta Rauracorum*, cité jadis considérable, dont une humble bourgade occupe l'emplacement. La Rauracie comprenait les vallées du Jura, qui s'étendent depuis le Rhin jusqu'à Pierre-Pertuis et Porentrui, c'est-à-dire à peu près tout le territoire qui fut depuis l'évêché de Bâle. Auguste, qui avait compris l'importance de cette contrée, située entre la Germanie, l'Helvétie et les Gaules, y envoya une colonie romaine, sous le commandement du préteur Munatius Plancus. Ainsi fut fondée Augusta, qui devint la capitale du pays des Rauraques. Ces mots, *Rauraques*, *Rauracie*, durs à l'oreille, désignent l'âpreté d'un sol montagneux, où la civilisation était alors naissante; *Rauh*, en langue celtique, signifiait âpre, sauvage. La ville d'Auguste n'eut guère que cinq cents ans d'existence; elle fut saccagée par les Huns au cinquième siècle, et Bâle, dès lors, n'ayant plus de rivalités voisines, prit beaucoup d'accroissement. Dans l'état où sont présentement les ruines d'Augusta, et faute de notions certaines, on ne peut que former des conjectures sur l'étendue que cette ville put avoir. Des antiquaires ont pensé que son enceinte devait être d'une lieue, et qu'elle possédait un théâtre où 12,000 spectateurs pouvaient prendre place. Il est du moins à peu près avéré qu'on y voyait encore, au XVIe siècle, de vastes débris de monuments; ils sont maintenant presque effacés du sol, et dans ce qui reste, on a peine à reconnaître les traces d'une grande ville. Quoi qu'il en soit, les fouilles qu'on y a faites ont produit pour résultat des milliers de médailles romaines, beaucoup de figurines en bronze et en or, des fragments de mosaïques et de vases, et des ustensiles divers. Ces antiquités ont été en partie dispersées; pourtant on en a recueilli une quantité notable, qui se conserve à la bibliothèque de Bâle.

(7) Page 6.

Au loin, vers l'horizon, et s'étend et s'enfuit
Le Rhin, qui de l'Adule accourant à grand bruit...

Boileau a dit :

Au pied du mont Adule, entre mille roseaux,
Le Rhin, etc.

On désigne sous le nom de *Montes Adulæ* la portion de la chaine des Alpes centrales comprise entre le Saint-Gothard et le Bernhardin. Cette masse de hautes montagnes donne naissance à quatre fleuves ou rivières, le Rhin et le Rhône, la Reuss et le Tessin. Le Rhin y prend ses sources, et forme d'abord trois rivières qui se réunissent à Reichenau, dans le pays des Grisons. Avant d'arriver à ce confluent, déjà grossi par beaucoup de torrents et de ruisseaux, il forme au Rhinwald, des cataractes, moins considérables sans doute que celle de Schaffhouse, mais d'un effet plus pittoresque, à cause de leur encadrement dans des paysages d'un genre sauvage et terrible.

(8) Page 6.

Dans l'abîme des mers il tombe en frémissant.

Le Rhin, après un cours si long et si majestueux, après avoir arrosé et fertilisé tant de provinces, se perd sans dignité dans les sables de Catwick; destinée commune avec un grand empire : « Sous les der« niers empereurs, a dit Montesquieu, l'empire romain, réduit aux « faubourgs de Constantinople, finit comme le Rhin, qui n'est plus « qu'un ruisseau lorsqu'il se perd dans l'Océan. » (*Grand. et décad. des Romains*, chap. XXIII.)

(9) Page 7.

Ses flots retentissants, formidables barrières,
Sont l'appui redouté des cités forestières.

Rhinfelden, Seckingen, Laufenbourg et Waldshutt, sont les quatre villes rhénales comprises sous le nom de villes *forestières*, soit parce qu'elles sont voisines de la Forêt-Noire, soit parce qu'on y embarque une partie des bois coupés dans cette immense forêt. A Rhinfelden, et surtout à Laufenbourg, le Rhin, précipitant tumultueusement ses flots sur une pente semée d'écueils, donne déjà au voyageur un avant-goût du grand spectacle qui l'attend à Schaffhouse.

(10) Page 7.

Schaffhouse m'apparaît.....

Je n'ajouterai pas une description de la chûte du Rhin à toutes celles qu'on a déjà essayées. Il me paraît plus à propos de rappeler au lecteur, à ce sujet, quelques lignes d'un auteur qui, presque toujours, sut rendre avec un grand bonheur de langage la réaction que la vue des grands spectacles de la nature exerce sur l'ame.

« Je restai, dit Mme de Staël, dans son roman de *Delphine*, je restai

« à contempler la chûte du Rhin : je regardais ces flots qui tombent « depuis des milliers d'années sans interruption et sans repos. De tous « les spectacles qui peuvent frapper l'imagination, il n'en est point « qui réveillent dans l'ame autant de pensées. Il semble qu'on en« tende le bruit des générations qui se précipitent dans l'abîme éternel « du temps. On croit voir l'image de la rapidité, de la continuité des « siècles, dans les grands mouvements de cette nature toujours agissante « et toujours impassible, renouvelant tout, et ne préservant rien de la « destruction. »

(11) Page 7.

Immobile et muet devant cet enfer d'eau,
Peintre, abjure ton art.

L'anglais Coxe raconte, dans ses *Lettres sur la Suisse*, qu'un jeune poète allemand, Lenz, étant descendu avec lui sur l'échaffaudage construit à côté de la chûte du Rhin, à la vue et au bruit énorme de la cataracte, ne put que s'écrier en tombant à genoux : *Voilà un enfer d'eau!* On a cru pouvoir s'approprier cette expression hardie, mais éminemment poétique.

(12) Page 7.

Ce tableau merveilleux du Très-Haut est l'ouvrage,
Et tu n'en peux tracer qu'une insensible image.

Un auteur helvétien, le pasteur Bridel, avait déjà dit :

L'Eternel dessina ce sublime tableau,
Et nul mortel jamais n'en fera la copie.

Il y a des scènes de la nature en présence desquelles le peintre, convaincu de son impuissance, est forcé de reconnaître que son art a des limites, soit parce qu'il est un certain ordre de grandeur et d'originalité qui ne peut se reproduire en de moindres proportions, et parce que le sublime est intraduisible; soit à cause du mouvement incessamment divers des objets; soit enfin à cause des accidents et des jeux non moins variés, et, pour ainsi dire, exceptionnels de la lumière. La cataracte de Schaffhouse paraît devoir être comptée dans cet ordre à part des grandes scènes naturelles. Quoique mille fois reproduite par la peinture, il n'en existe que de pâles et muettes copies.

Page 7.

Je t'aperçois, Zurich, cité paisible, heureuse,
Que baigne un lac d'azur de son onde amoureuse.

Il existe en Suisse un certain nombre de sites qui semblent faits pour réaliser l'utopie d'une vie heureuse possible sur la terre. Zurich est de ce nombre. Une ville petite, propre et riante, renfermant une population de mœurs paisibles et simples; un lac, longue plaine d'eau encadrée dans les verdures diverses des champs, des vignes, des prairies, des bois, et terminée par un magnifique rideau des Alpes; un air salubre et serein, qui, avec l'habitude de la sobriété et de l'ordre, entretient et prolonge la vie des hommes; tels sont les avantages que présente cette contrée privilégiée. Il y a, répandu au milieu de tout cela, un calme, une harmonie générale qui, des objets extérieurs, se réflètent sur l'ame et disposent aux plus doux sentiments. Là on comprend mieux Gessner et ses rêves de l'âge d'or. Que la vue d'un tel séjour est flatteuse, surtout pour le voyageur récemment échappé aux agitations désordonnées de nos grandes capitales!

(14) Page 8.

Le sage Lavater
Secourait des blessés, quand un indigne fer
D'un cœur trop généreux brisa la destinée.

Après la bataille de Zurich, gagnée le 26 septembre 1799 par Masséna, contre les Russes commandés par le général Korsakow, les Français entrèrent pour la seconde fois dans la ville qu'ils avaient déjà occupée victorieusement l'année précédente. Au milieu du désordre de l'action, Lavater avait quitté sa demeure pour porter charitablement des secours à ses concitoyens blessés, lorsque, à la suite d'une courte altercation avec un soldat français, il fut assassiné par ce misérable, à qui même on a prétendu qu'il venait de donner quelque argent. Cet événement a été diversement rapporté, et défiguré par l'esprit de parti ; quoi qu'il en soit, il est malheureusement certain qu'un français fut coupable de ce meurtre, commis sur la personne d'un vieillard sans défense. Le philosophe de Zurich, victime comme Archimède à Syracuse, témoigna le désir que l'auteur du crime ne fût pas recherché ; il soutint, avec une résignation toute chrétienne, les longues et cruelles douleurs de sa blessure, et expira le 2 janvier 1801 : il était né le 15 décembre 1741.

Lavater a composé de nombreux écrits sur différents sujets ; mais sa réputation à l'étranger repose presque entière sur ses *Essais physiognomiques*. L'ingénieux système au développement duquel cet ouvrage est consacré, fit grand bruit lors de son apparition (1775-78) : étayé d'une multitude d'observations curieuses et de spécieux rapprochements, il trouva beaucoup de partisans et plus d'un imitateur : il a été, en effet, ou étendu ou débordé par d'autres systèmes analogues, ainsi qu'il arrive d'ordinaire à tout ce qui se présente avec un caractère de nouveauté.

(15) Page 8.

Au pied du mont Albis voici l'aimable asile
Du vertueux Gessner, ce chantre de l'Idylle,
Qui, poète charmant et peintre tour à tour,
Célébra les bergers, l'innocence et l'amour.

Salomon Gessner fut à la fois poète, peintre, gráveur et imprimeur-libraire. Il existe une édition de ses œuvres, qui a le mérite singulier d'avoir été imprimée par lui, et ornée de fleurons et de vignettes sorties de ses mains. Sa réputation comme poète est honorablement fixée. S'il est moins souvent cité parmi les peintres et les graveurs, c'est que ses tableaux de paysages sont en grande partie restés en Suisse, et que ses estampes à l'eau-forte sont devenues rares. Un juste appréciateur de son double mérite de peintre-poète disait spirituellement que : « Ses « idylles étaient des paysages, et ses paysages des idylles. »

A ses talents multiples, Gessner joignait les plus pures vertus. Simple comme ses bergers, sa bonhomie et la franche aménité de son caractère le faisaient chérir de tout ce qui l'approchait. Pour lui, surtout, on peut dire que le style était l'homme.

Au bord de la petite rivière de la Sihl, et dans le bois nommé Sihlwald, qui s'étend sous le mont Albis, on voit une habitation toute champêtre ; c'est celle qui fut possédée par le Théocrite helvétique. Là s'écoulèrent ses derniers jours dans le calme et l'innocence ; là aussi, en 1787, ce peintre de la nature s'éteignit paisiblement comme il avait vécu. Il était né à Zurich, en 1730.

Sous les murs de Zurich, dans une situation charmante, au confluent de la Linth et de la Limmath, les concitoyens de Gessner ont érigé à sa mémoire un monument convenable, car il est simple comme l'auteur de *Daphnis* et de la *Mort d'Abel*.

(16) Page 9.

Voici donc de l'honneur cet antique séjour,
Où périt Winkelried !

A la bataille de Sempach, livrée le 9 juillet 1386, au bord du lac de ce nom, à trois lieues de Lucerne, les Suisses ne pouvaient entamer leurs ennemis, disposés en bataillon carré, dont les rangs étroitement serrés, lances baissées, formaient une masse compacte. Les Suisses tombaient en foule sur le passage de cette armée de fer, contre laquelle échouait leur courage. Soudain Arnold Strouthan de Winkelried, chevalier d'Unterwald, s'écrie d'une voix de tonnerre : « Je vais ouvrir « un chemin à la liberté ; fidèles et chers confédérés, je vous recom- « mande ma femme et mes enfants ! » Il dit, s'élance, rassemble sur sa poitrine autant de lances ennemies qu'il en peut embrasser, et tombe percé d'outre en outre. Les Suisses se précipitent à travers l'issue que le dévouement de Winkelried vient de leur ouvrir, et dispersent et détruisent bientôt cette phalange qui paraissait inébranlable.

(17) Page 9.

Où Tell reçut le jour.

Guillaume Tell, le principal libérateur de la Suisse, et l'un des fondateurs de sa liberté, était né à Burglen, village du canton d'Uri, à une demi-lieue d'Altdorf. Sa vie est trop connue, pour qu'il soit nécessaire d'en rappeler ici les diverses circonstances. Que les récits que nous en avons, soient vrais ou faux, ou bien un mélange d'historique et de fabuleux (on a été jusqu'à mettre en doute l'existence même de Guillaume Tell), toujours est-il certain que le nom de ce personnage est inséparablement lié à l'histoire de l'indépendance helvétique. On voit, sur la rive orientale du lac des Quatre-Cantons, une chapelle élevée à l'endroit où, dit-on, Guillaume Tell s'élança de la barque où il était retenu prisonnier. Ce lieu est connu sous le nom de *Tellenssprung* (Saut de Tell). Une autre chapelle, dans le chemin creux qui mène de Küsnacht au lac de Zug, occupe l'emplacement où le héros suisse atteignit d'une flèche le bailli Hermann Gessler, l'oppresseur de sa patrie.

(18) Page 9.

Furst, Werner et Melthal, noms chers à la victoire !

Walter Fürst d'Attinghausen, Werner Stauffacher, et Erni ou Arnold de Melchthal, furent les trois principaux fondateurs de l'indépendance helvétique. Walter Fürst était beau-père de Guillaume Tell. On a cru devoir adoucir, autant que possible sans les dénaturer, ces noms, et quelques autres encore, non moins glorieux, mais tout aussi rebelles à l'euphonie.

(19) Page 9.

Et toi, pompeux Ruttli !

Le *Ruttli* ou *Gruttli*, plaine au bord du lac, où les conjurés délibérèrent dans la nuit de la Saint-Martin (1307). Fürst, Stauffacher et Melchthal y conduisirent chacun dix hommes sûrs, et ces trente-trois firent le fond de la conjuration par un serment solennel de verser leur sang pour l'indépendance commune. « Fürst, Stauffacher et Erni, levant les mains au ciel, prononcèrent, *au nom du Dieu, qui a fait naître de la même souche les paysans et les empereurs, et qui les a également dotés des inaliénables priviléges de tout être raisonnable, le serment de se prêter un secours réciproque pour la défense de leur liberté.* »

MULLER, *Hist. des Suisses*, trad. par Mallet, tom. III.

(20) page 9.

Forêts de l'Unterwald, sommets glacés d'Uri,
L'éternel, à grands traits, de ses mains vénérables
Vous avait dessinés pour des faits mémorables.

Au sujet de la plaine de Waterloo, Byron observait (notes du chant III de *Childe-Harold*), que plusieurs champs de bataille qu'il avait visités avec attention, semblent marqués pour de grandes actions. Cette observation du poète Anglais s'applique merveilleusement au lac de Lucerne, et aux montagnes qui l'entourent. La configuration de ce lac imposant, et des Alpes austères de Schwitz, d'Uri et d'Unterwald, forme un tout d'un caractère solennel qui fait dire aussitôt : une telle contrée était prédestinée aux conquêtes de la liberté! La situation du Grutli (V. la note précédente) est particulièrement remarquable sous cet aspect. Les conjurés, ces simples pasteurs, avaient choisi, dans leur sublime instinct, le lieu le plus inspirateur pour leur audacieuse entreprise.

(21) page 10.

Aux Alpes il eût dit : Vous êtes mon poème.

« Vous demandez, disait le Tasse, qui a pu m'inspirer; c'est tout « ce qui frappe nos yeux; *la nature, voilà mon poème!* »

(22) page 10.

Il eût montré Sempach, Nefels.....

Voyez ci-dessus la note 16. — Les batailles de Sempach et de Nefels furent décisives pour la liberté suisse. Cette dernière eut lieu le 9 avril 1388, entre Glaris et le lac de Wallenstadt. Les Glaronais y mirent en déroute 6,000 autrichiens, dont 2,500 furent tués.

(23) page 11.

L'or a-t-il le pouvoir de payer le courage?

Le suisse chérit sa terre natale, et possède à un degré énergique le sentiment de nationalité. Cependant il semble se décider aisément à s'expatrier, soit pour aller chercher fortune ailleurs, soit pour se mettre au service des rois. Ces émigrations, et ces enrôlements à l'étranger, s'expliquent par l'exubérance de la population dans un pays circonscrit, dont la majeure partie est infertile, et qui ne peut conséquemment suffire à la consommation de ses habitants. Ainsi, le suisse émigrant subit une nécessité, plutôt qu'il ne fait une action de plein gré.

De temps en temps des bateaux partent de Bâle, et descendent le Rhin, emportant des familles entières, qui vont coloniser des contrées lointaines. C'est un touchant spectacle que celui de ces embarquements, et des adieux mêlés de larmes, que ces pauvres gens font à leurs compatriotes. Il n'est presque pas un coin du monde où l'on ne trouve des Suisses; mais, il faut se hâter de le dire, lorsque par leur travail patient et leur économie, ils sont parvenus à amasser un honnête pécule, presque tous reviennent en jouir, et finir leurs jours dans leur patrie.

Si cette cause du trop-plein de population en Suisse, nécessite et ne légitime que trop l'émigration, elle ne justifie pas de même les enrôlements, coutume barbare, anti-sociale, qui n'est plus de notre temps, et qui ne doit son existence qu'à une sorte de complicité de plusieurs princes de l'Europe.

(24) page 11.

Rappelle-toi Morat.

Le 22 juin 1476, eut lieu la célèbre bataille de Morat, où les Suisses coalisés défirent l'armée bourguignonne commandée par Charles-le Téméraire, qui perdit plus de 20,000 hommes dans cette action.

(25) Page 11.

Le soldat, qui se courbe en remuant la terre,
Fièrement se redresse au premier cri de guerre.

« Le soldat se courbe en remuant la terre, mais il se redresse en « marchant à l'ennemi. »

FRÉDÉRIC II, *Instructions pour le prince royal de Prusse.*

(26) Page 11.

Chez lui la vertu règne, et les mœurs font les lois.

« Plùsque ibi boni mores valent, quàm alibi bonæ leges. »

TACIT. *De moribus Germanorum.*

(27) page 11.

Je sais qu'une cité, fausse républicaine,
Parlant indépendance, agit en souveraine.

Le canton de Berne est d'une étendue hors de proportion avec celle des autres cantons suisses. Les Bernois ont constamment cherché à augmenter leur territoire, soit par des acquisitions successives, soit par des envahissements, ou à l'aide de traités subreptices. Tout en rendant hommage à l'administration intérieure de ce pays, laquelle est réellement sage et tutélaire, à ses institutions, qui en général attestent un remarquable esprit d'ordre, il est juste de signaler les abus d'une aristocratie ambitieuse. L'état de Berne, puissant dès le XVIe siècle, a subi, à diverses époques, des restrictions et des démembrements, et toujours l'habileté de ses patriciens s'est attachée à reprendre de l'extension. Si donc, au moment où cette note est écrite, l'oligarchie bernoise courbe sa tête sous le joug de la nécessité, il est permis de conjecturer qu'elle n'attend que l'occasion de ressaisir un pouvoir qui, plusieurs fois, a exercé une fâcheuse influence sur les affaires générales de la Suisse.

NOTES

DE LA DEUXIÈME PARTIE.

(1) Page 14.

Et d'un pied libre enfin je puis fouler la terre.

Nunc pede libero
Pulsanda tellus.

HORAT. *Od.* I, 31.

(2) Page 15.

Me voici sous ta garde, ô nature ! ô ma mère !...
Nul mortel entre nous ne vient s'interposer.

« Je m'écriais quelquefois : O nature ! ô ma mère ! me voici sous ta « seule garde : il n'est point ici d'homme adroit et fourbe qui s'inter- « pose entre toi et moi. »

J.-J. ROUSSEAU, *Confessions*, liv. XII.

(3) Pag. 15.

Des Alpes j'ai franchi l'imposante limite :
Thoune, qui décrira le charme de ton site?

La ville de Thoune (*Thun*), l'une des plus élevées de l'Europe, est la clé des Alpes du canton de Berne : elle est assise au bord d'un lac qui porte son nom. Prise du château Baillival de *Schadau*, soit au lever, soit au coucher du soleil, la vue de ce lac et des montagnes qui l'entourent, est véritablement d'une beauté indicible : cette perspective est sans contredit l'une des plus remarquables de la Suisse.

(4) Page 15.

Dans cette grande image, où tout est plein de toi,
Souverain créateur ! je reconnais ta loi ;
Partout, à chaque instant j'admire ta puissance,
Et je sens ta bonté dans ta magnificence.

Creation's God! with thought elate,
Thy hand divine i see
Impressed on scenes, where all is great,
Where all is full of thee!

MISS WILLIAMS, *Hymn written among the Alps.*

« Dieu de la création ! d'une ame enivrée je vois ta main divine em-
« preinte dans des objets où tout est grand, où tout est plein de
« toi. »

Traduct. de M. J.-B. Say.

Esménard a traduit en beaux vers le morceau anglais cité ici.

(5) Page 16.

Le grèbe agile,
Quand la neige bleuit à l'aube du matin,
Ouvre au vent frais et pur son plumage argentin.

« Le grèbe (colymbus) est bien connu par ces beaux manchons d'un blanc argenté, qui ont, avec la moelleuse épaisseur du duvet, le ressort de la plume et le lustre de la soie.... Il fréquente également la mer et les eaux douces, quoique les naturalistes n'aient guère parlé que de ceux qu'on voit sur les lacs; les étangs et les anses de rivières.... Le grèbe du lac de Genève, qui se trouve aussi sur celui de Zurich et les autres lacs de la Suisse, et quelquefois sur celui de Nantua, et même sur certains étangs de Bourgogne et de Lorraine, est l'espèce la plus connue. Il est un peu plus gros que le foulque : sa longueur, du bec au croupion, est d'un pied cinq pouces, et du bec aux ongles, d'un pied neuf à dix pouces. Il a tout le dessus du corps d'un brun foncé, mais lustré, et tout le devant d'un très beau blanc argenté. » (BUFFON, *Histoire naturelle des oiseaux.*)

A l'égard de l'épithète d'*agile*, donnée ici au grèbe, il est certain que la conformation de cet oiseau l'empêche de s'élever facilement; mais, lorsqu'il a pris le vent, il fournit un assez long vol : d'ailleurs, son agilité sur l'eau est très grande; il nage, il plonge, et fend l'onde avec beaucoup de rapidité.

(6) page 16.

La vapeur se dissipe, et les Alpes sublimes
Étalent de nouveau leurs gigantesques cimes,
Où règne avec le froid l'éternelle blancheur,
Où s'écoulent les ans sans changer de couleur.

Or where the moss forbears to creep,
Where loftier Summits rear
Their untrod Snow, and frozen sleep
Locks all the uncolour'd year.

MISS WILLIAMS, *ut suprà.*

« Et sur les hautes sommités où le pied de l'homme ne s'est jamais « posé, où la mousse même ne saurait gravir, une neige éternelle presse « la terre, et l'année ne change point de couleur. »

J. B. SAY.

(7) page 17.

Tu dis : Les temps viendront, ils viennent ; l'univers
N'offrira plus au jour que d'horribles déserts...

Système du refroidissement de la terre. Buffon, partant de l'hypothèse que la terre est un débris détaché du soleil, conclut que sa chaleur inhérente, qui a dû être excessivement intense, et qui diminue graduellement, finira par disparaître tout-à-fait, et qu'alors le globe, privé d'habitants, ne sera plus qu'une masse de matière inerte, morte. A l'aide de savants calculs et d'expériences approximatives, ce hardi génie n'a pas craint de préciser les diverses époques de la durée, depuis l'état d'incandescence complète ou de fusion, jusqu'au refroidissement absolu, tant pour la terre que pour les autres planètes auxquelles il assigne la même origine. Avant le Pline français, Leibnitz n'avait pas hésité à dire que le globe terrestre doit sa matière et sa forme à l'élément du feu : Descartes avait aussi pensé que la terre et les planètes ne sont que de *petits soleils encroutés*.

Au lieu de voir dans les glaciers les tristes effets d'une cause destructive, qui aurait déjà fait disparaître la vie dans une partie de l'enveloppe du globe, il est plus philosophique peut-être de les considérer comme le moyen que la nature a employé, dès le commencement des choses, pour se procurer des réservoirs propres à devenir les sources des fleuves, qui s'en échappent, traversent de grands espaces, les rafraîchissent et les fertilisent.

(8, page 18.

D'un regard curieux je sonde leurs abîmes.

Indépendamment des coquillages marins et fluviatiles, qu'on a trouvés avec surprise sur beaucoup de sommités, rien n'est propre à autoriser les conjectures sur l'antiquité de la terre, comme l'aspect des gorges qui se dessinent dans les cavités des Alpes. La nature y est, pour ainsi dire, prise sur le fait. La configuration de la plupart des vallées alpines présente à l'observateur un phénomène important. Presque toujours une rivière ou un torrent les parcourt avec plus ou moins d'impétuosité, et d'ordinaire les monts qui les forment se suivent parallèles. Ce parallélisme ne doit-il pas donner à penser, que le même torrent qui roule ses eaux dans un effrayant abîme, avait jadis son niveau à la hauteur qui sert maintenant à déterminer sa profondeur ? Ce fait admis, combien n'a-t-il pas fallu de siècles, pour que ce torrent, à force de miner les roches, soit parvenu à l'état dans lequel nous le voyons de nos jours !

(9) page 18.

Homme, ton rêve est beau, mais c'est *un grand peut-être.*

On prétend que Rabelais, à son heure dernière, dit à ceux qui entouraient son lit de mort : *mes amis, je vais chercher un grand peut-être.*

(10) page 19.

Ta sphère n'est qu'un point, la grandeur est aux cieux,
Dieu seul est immortel.

Ce n'est ici qu'une réminiscence de la belle exclamation de Bossuet: *Dieu seul est grand, mes frères !*

(11) page 20.

Rome n'est plus dans Rome.

Hémistiche de Pierre Corneille. De pareils emprunts sont autorisés par l'usage, quand il s'agit de vers caractéristiques. Emprunter à un grand poète, c'est rendre hommage à son génie, c'est s'enrichir sans l'appauvrir.

(12) page 20.

Que j'aime, Lauterbrunn, ta solitude austère !

La vallée de Lauterbrunn, dans l'*Oberland* bernois, s'étend au S.O., au centre de montagnes colossales. Elle a cinq lieues de longueur, et tout au plus un quart de lieue de largeur. Plus de vingt torrents s'y précipitent en cascades du haut des rochers. On y trouve une station commode pour contempler de près l'aspect sublime de la *Jungfrau*, ou *pic vierge*, ainsi nommé, parce que la cime en fut long-temps jugée inaccessible. De superbes glaciers décorent la vallée de Lauterbrunn; et tout concourt à faire de cette contrée l'une des plus extraordinaires qui se puissent voir. Là se trouve le pittoresque en grand.

(13) page 21.

Le Staubbach me présente un spectacle nouveau,
Et déroule à mes yeux son magique tableau.

Le *Staubbach*, dans la vallée de Lauterbrunn, offre le phénomène singulier que l'on a essayé de décrire. La cascade s'élance d'un rocher à pic de 900 pieds d'élévation, et se résout en une poussière liquide qui se disperse au gré des vents, et dans laquelle les jeux de la lumière sont tout-à-fait étonnants. C'est ce qui a fait donner à cette chûte d'eau le nom de *Staubbach* ou *ruisseau de poussière*. « Le voyageur, « dit Haller, voit avec surprise des rivières qui sortent des nues, forment « elles-mêmes des nuages, et coulent dans les airs. »

(14) page 21.

Ce n'est plus qu'un nuage, et son réseau charmant,
Tel qu'un zéphyr tissu, plane légèrement.

Les poëtes grecs ne craignaient pas de comparer à de l'*air tissu*, les vêtements transparents et légers des déesses ou des femmes. M. Ramond, en parlant d'une cascade des Pyrénées, qui, ainsi que le Staubbach, tombe d'une grande hauteur, dit de même, qu'elle ressemble à du *vent tissu*. Cette expression, un peu hardiment métaphorique, paraît rendre assez bien la transparence aérienne de la cascade du Staubbach.

(15) page 22.

Venez, à Grindelwald osez suivre mes pas.

La vallée de Grindelwald, située à plus de 3,000 pieds au-dessus du niveau de la mer, s'étend dans la direction du N. E. au S. E. Elle est formée de montagnes, dont plusieurs ont de 10,000 à 12,000 pieds d'élévation. Elle est très fréquentée des voyageurs, parce que son accès est facile, et qu'on y peut étudier commodément les glaciers et les mœurs agrestes des habitants des Alpes.

(16) Page 22.

Contemplez des glaciers le brillant phénomène.

Les personnes qui n'ont point vu les glaciers de la Suisse, et qui n'ont pas lu l'excellent ouvrage de M. de Saussure (*Voyages dans les Alpes*), peuvent s'en former une idée, en parcourant les *Observations* de M. Ramond, *sur les glacières et les glaciers* (V. les *Lettres sur la Suisse*, de W. Coxe, tom. II). L'élégant traducteur du voyage de Coxe s'est tellement approprié l'ouvrage anglais, par les remarques pleines d'intérêt qu'il y a jointes, que sa traduction est justement préférée à l'original. Le morceau que nous citons particulièrement est un chef-d'œuvre d'érudition et de style.

(17) Page 23.

On vit l'aigle française avec l'aigle sauvage
Du domaine des cieux disputer le partage.

Allusion au fameux passage du mont St-Bernard, opéré par l'armée française sous le commandement de Buonaparte.

(18) Page 23.

Ainsi, dans l'Oberland, quand d'une haute cime
S'écroule l'avalanche...

L'étymologie du mot *avalanche*, ou *avalange*, est le vieux terme *avaler* (descendre); ou, suivant d'autres, l'adverbe *à-val* qui vient du latin *advallem*. Les habitants des Alpes suisses désignent, par l'expression de *Lawine*, ou *Lauwine*, ce phénomène, connu encore dans le pays *Roman* sous le nom de *Lavange*. Au reste, on distingue trois sortes d'avalanches : l'*avalanche de froid*, l'*avalanche de chaud*, et l'*avalanche de vent*, suivant que leur chûte est déterminée, soit par une trop grande accumulation de neige que son poids seul force à se détacher; soit par ce vent méridional, que les Suisses nomment le *Fohn*, et les Italiens le *Scirocco;* soit enfin par de violents ouragans, trop communs dans ces hautes régions.

(19) Page 23.

Le colosse bondit, tombe, et l'ame troublée
Croit dans ses fondements la nature ébranlée.

J'ai vu des volcans; j'ai navigué sur la mer orageuse; après ces grandes scènes naturelles, s'il en est qu'on puisse leur comparer, pour la force des émotions qu'elles éveillent dans l'ame, c'est sans doute la chûte d'une avalanche dans les Alpes. Je jouis un seul jour, mais pleinement et à diverses reprises, de ce spectacle dont j'ai essayé de rendre l'impression dans mes vers. Je traversais la *Wengern-Alp*, col qui sépare la vallée de Grindelwald de celle de Lauterbrunn. Un bruit sourd, pareil à celui de la foudre lointaine, interrompt tout-à-coup le repos de la solitude; je me retourne : une avalanche venait de crouler du *Wetterhorn* : le bruit grondait encore de vallée en vallée, quand j'aperçois sur le flanc de la montagne, un long sillon de neige en mouvement; un fracas plus violent suit la nouvelle chûte. Alors je m'assis, et dans l'espace d'une demi-heure, je pus contempler à mon aise, et à l'abri de tout péril, une douzaine d'avalanches se succédant avec plus ou moins de rapidité, mais presque toutes avec des craquements dont la violence semblait imprimer à l'air et aux Alpes des commotions convulsives. J'eus peine à m'arracher de ce lieu ; mais la soirée avançait, et il fallait gagner Lauterbrunn, sous peine de s'attarder sur des sentiers abruptes et boisés.

(20) page 24.

La scabieuse, pâle en sa langueur touchante,
La tendre violette et la fraise odorante,
Y bravent la froidure.

Au pied même du glacier supérieur de Grindelwald j'ai cueilli, dans le mois de septembre, une scabieuse, des violettes et des fraises. Dans les régions plus élevées, on trouve encore le *Rhododendron*, cette belle rose des Alpes.

NOTES

DE LA TROISIÈME PARTIE.

(1) Page 28.

Je porte le désert dans le fond de mon cœur,
Et moi-même je suis le tombeau de mon ame....

There is a power upon me wich withholds
And makes it my fatality to live,
If it be life to wear within myself
This barennes of spirit, and to be
My own soul's sepulchre.

« Une sécrète puissance me condamne au malheur de vivre, si c'est vivre que de sentir dans mon cœur une aride solitude, et d'être moi-même le sépulcre de mon âme. »

BYRON, *Manfred*, sc. II.

(2) Page 28.

Croire est l'un des bienfaits dus à la solitude :
Qui pourrait la souffrir avec l'impiété ?
Quel homme en rapporta son incrédulité ?

« On ne revient point impie des royaumes de la solitude. »

CHATEAUBRIAND, *René*.

(3) Page 28.

La peine s'y transforme en douce rêverie ;
Tristesse qu'on chérit, mal qui n'est pas douleur,
Souffrante volupté qu'on préfère au bonheur.

Un écrivain (je ne sais plus lequel) a dit que *la mélancolie est la volupté du malheur.* Montaigne avait déjà trouvé que *la solitude est friande.*

(4) Page 30.

Ce bois silencieux fut l'asile d'un sage ....

En 1765, après un séjour de deux ans à Motiers-Travers, dans le pays de Neuchâtel, J.-J. Rousseau vint habiter l'île de Saint-Pierre, au lac de Bienne. Il ne demeura que six semaines, du 12 septembre au 25 octobre, dans cette retraite, véritable Élysée, dont il nous a laissé deux tableaux enchanteurs, auxquels il n'est pas permis de rien ajouter. (V. *les Confessions*, liv. XII, et les *Rêveries d'un promeneur solitaire*, V^e^ promenade.)

J'ai fait quatre pélerinages à l'île de Saint-Pierre, en 1817, 1825, 1833 et 1835, et chaque fois j'y ai passé une nuit. Rousseau a été si fidèle dans ses descriptions, qu'il ne s'y trouve pas un trait qui ne soit reconnaissable ; rien n'a changé que les hommes. L'île appartient encore à l'hôpital de Berne ; elle est, comme alors, régie par un fermier ; on y trouve les mêmes bâtiments d'exploitation, les mêmes cultures, et toujours une magnifique futaie, dont beaucoup d'arbres sont évidemment contemporains de Jean-Jacques. La chambre qu'il habitait est conservée presque intacte, avec plusieurs de ses vieux meubles, et la trappe par laquelle il échappait à d'importunes visites.

Le receveur actuel de l'île est le quatrième qu'il y ait eu depuis 1765 ; il en a pris la gestion en 1805 : le receveur qui administrait du temps de Rousseau se nommait Engel.

Au reste, le souvenir du philosophe genevois n'est pas le seul qui ajoute du charme à cette contrée. En face de l'île, et sur la rive occidentale du lac, est l'agreste village de Gleresse, où se voit la maison que Delille occupa lors de la révolution française. Cette demeure, au sein d'une nature à la fois champêtre et sévère, calme et imposante, convenait et dut plaire au chantre des jardins.

J'ai dit que rien n'était changé dans les localités : je me reprends à cet égard. Ce qui plaisait surtout à Jean-Jacques, c'était qu'il n'y eût pas de grandes routes sur les rives du lac, ce qui empêchait qu'il fût fréquenté par les voyageurs à voitures. Jusqu'en 1835, en effet, on n'y trouvait que des sentiers serpentant parmi les vignes et les bois. J'y ai vu commencer le tracé d'un chemin carrossable, qui va sous peu établir une communication directe entre Bienne et Neuchâtel : en outre, un bateau à vapeur entre maintenant dans le lac par la Thièle. C'est, assurément, une belle chose que l'industrie, qui a miné les rochers de Meillerie pour faire passer la route du Simplon, et qui crée de larges chemins aplanis, là où il n'y avait qu'un passage difficile pour les piétons ; mais l'utilité malheureusement désole trop souvent les poëtes et les peintres : l'industrie est peu pittoresque.

(5) page 30.

La douleur, le trépas, voilà l'histoire humaine.

Naître, souffrir, mourir, c'est toute leur histoire.

DELILLE, *les Jardins*, chant IV.

Sur la porte d'un château ruiné à Monéti, près de Genève, on lisait cette inscription : *Nasci, Pati, Mori.*

(6) page 31.

Et malheureux toujours, parce qu'il fut sensible.

Parmi les nombreuses inscriptions qui couvrent les murs de la chambre qu'habita Jean-Jacques, dans l'île de Saint-Pierre, et dont la plupart sont plates, ridicules, ou même injurieuses, j'ai distingué celle-ci, tracée par une dame : « c'est parce qu'il fut sensible qu'il fut malheureux. » Ce peu de mots est bien d'un cœur de femme, et résume parfaitement, ce me semble, la nature morale de Rousseau, ainsi que le caractère de son génie.

(7) page.

Je n'aime point le monde, et n'en suis point aimé.

I have not loved the world, nor the world me.

« Je n'ai point aimé le monde, et le monde ne m'a point aimé. »
BYRON, *Childe-Harold*, chant III.

(8) page 32.

Inestimable bien! vertu, santé de l'ame!

Voltaire a dit :

La Liberté dans l'homme, est la santé de l'ame.
Discours sur la Liberté.

(9) page 33.

Image du bonheur et berceau de l'amour,
De Saint-Preux, de Julie harmonieux séjour,
Clarens, dans ton air pur je goûte avec ivresse
Le souffle ravissant du dieu de la tendresse.

Clarens! sweet Clarens, birth-place of deep love!
Thine air is the young breath of passionate thought;
Thy trees take root in love.

« Clarens, aimable Clarens, berceau du véritable amour, l'air qu'on respire près de toi est le tendre souffle de ce Dieu lui-même; c'est lui qui embellit tes bocages.....
BYRON, *Childe-Harold*, ch. III.

(10) page 34.

Eh quoi! ces bords n'ont-ils qu'un charme imaginaire?

« Je dirais volontiers à ceux qui ont du goût et qui sont sensibles : allez à Vevay, visitez le pays, examinez les sites, promenez-vous sur le lac, et dites si la nature n'a pas fait ce beau pays pour une Julie, pour une Claire et pour un Saint-Preux; mais ne les y cherchez pas. »

J.-J. Rousseau, *Confessions*, livre IV.

Il est trop vrai, là et partout ailleurs, on chercherait en vain la réalisation de si riantes chimères; et pourtant, certaine de ne pas les trouver, l'imagination, doucement abusée, se surprend les demandant à cette contrée poétisée par Jean-Jacques. Elle a, en effet, conservé presque toute sa physionomie, telle qu'elle fut saisie par le peintre. Vevay, Clarens, Chillon, le village de Montreux, les rives du lac, ont conservé le charme de leurs aspects; non loin de Clarens, un vieux château, qu'on appelle le *châtelar*, peut jusqu'à un certain point représenter la demeure du baron d'Etange; la nature répand toujours sur les objets les mêmes teintes mélancoliques et touchantes; mais le petit bois que les habitants du pays avaient nommé le *bosquet de Julie*, est tombé sous la hache, et l'on a fait jouer la mine au milieu des roches pittoresques de Meillerie, maintenant traversées par la grande route qui mène de Genève au Simplon.

(11) page 34.

Le Léman me sourit! cette petite mer,
Par la brise du soir mollement agitée,
M'offre l'aspect lointain d'une moire argentée.

Là tu verras....
La mer, dans son bassin doucement agitée,
T'offrir l'éclat tremblant de sa moire argentée.

Ducis, *Épître à l'Amitié*.

(12) page 34.

A Genève, en partant il laissa son portrait.

« C'est une belle chose que le lac de Genève ; il semble que l'O-
« céan ait voulu donner à la Suisse son portrait en miniature. »

BOUFFLERS, *Voyage en Suisse*, lettre III.

(13) page 35.

Les étoiles, du ciel sublime poésie.

Ie stars, wich are the poetry of heaven!

« O vous, étoiles, qui êtes la poésie du ciel ! »

BYRON, *Childe-Harold*, ch. III.

(14) page 35.

C'est là que le Mont-Blanc règne en maître suprême ;
Sur son front sourcilleux est un blanc diadême ;
Son trône est sur les rocs ; l'avalanche, en ses mains,
Est un sceptre de glace effrayant les humains ;
Revêtu d'un manteau de frimas, de nuages,
Il commande à la terre, et préside aux orages.

Mont-Blanc is the monarch of montains,
They crown'd him long ago
On a throne of rocks, in a robe of clouds,
With a diadem of snow.

Around his waist are forests braced,
The avalanche in his hand.

« Le Mont-Blanc est le monarque des montagnes. Elevé sur un trône « de rochers, enveloppé d'un manteau de nuages, dès long-temps il « fut couronné d'un diadême de neige : des forêts l'entourent comme « une ceinture ; l'avalanche est dans ses mains. »

Lord BYRON, *Manfred*, Sc. I.

NOTES

DE LA QUATRIÈME PARTIE.

(1) page 38.

Voici Lavaux, voici la côte renommée
Où mûrit le trésor d'une vigne embaumée.

Le vignoble de *Lavaux*, situé entre Lausanne et Vevay, produit un vin blanc délicat et fort recherché. Ce vin, celui dit de la *côte*, et le vin rouge de *Cortaillod* (ce dernier croît au bord du lac de Neuchâtel), sont les meilleurs de la Suisse, et presque les seuls qui soient dignes de quelque estime.

(2) page 39.

Noble banni des cours, Voltaire, à Mont-repos,
Venait se préparer des triomphes nouveaux.

Voyez ci-après la note 5.

(3) page 39.

Lausanne du malheur fut toujours la patrie.

Les habitants de Lausanne passent pour être doux et hospitaliers; aussi beaucoup d'étrangers se plaisent dans cette ville, et y prolongent

6.

leur séjour. A l'époque de la révocation de l'édit de Nantes, et lorsque la révolution de 1789 eut pris un caractère persécuteur, la population de Lausanne s'accrut d'un grand nombre d'émigrés français.

La seconde moitié du siècle dernier fut brillante pour cette ville, qui posséda dans son sein, ensemble ou tour à tour, Voltaire, Haller, Gibbon, le médecin Tissot, le naturaliste Huber, le tragédien Kemble, et tout ce qu'attirait la célébrité de tels hommes.

La situation de Lausanne et la magnificence des points de vue, la salubrité de l'air et la facilité de la vie, surtout l'aspect consolant d'un peuple sans faste comme sans pauvreté, doivent contribuer à faire aimer un tel séjour aux étrangers.

Cette ville, bâtie sur trois collines, où les maisons sont entassées confusément, a les inconvénients intérieurs de cette position ; mais les promenades aux environs sont charmantes, et la large perspective du Léman et des Alpes de Savoie, est d'une beauté que rien au monde ne peut surpasser. Le fameux voyageur Tavernier trouvait de la ressemblance entre la vue de Lausanne, prise du lac, et celle de Constantinople.

(4) page 39.

Mais, l'homme est innocent, s'il est persécuté.

Et c'est être innocent que d'être malheureux.

La Fontaine, *Elégie aux nymphes de Vaux.*

(5) page 40.

Sur ces bords que Voltaire appelait ses délices.....

Après sa rupture avec le roi Frédéric, en 1753, et un séjour de deux années tant en Alsace qu'au château de *Prangins*, dans le pays de Vaud, Voltaire vint occuper, près de Genève, au pied de la colline de Saint-Jean, la maison de campagne des *Délices*, qu'il tenait à loyer du docteur Tronchin. C'est ce lieu qu'il a célébré dans son *Epitre à sa terre, près du lac de Genève.* Le théâtre de société qu'il avait fondé ayant excité quelques mécontentements de la part de Génevois rigides, Voltaire prit lui-même de l'humeur, et se retira en 1757 à *Mont-repos*, autre maison de plaisance, auprès de Lausanne. Enfin il acquit la terre de Ferney, et s'y fixa en 1760.

(6) page 40.

Le siècle où de nos rois tomba la monarchie,
Issu du despotisme, eut pour fin l'anarchie.

Le XVIIIe siècle, commencé sous le règne de Louis XIV, finit par la terreur républicaine, et la puissance éphémère du directoire; l'aurore de ce siècle vit la monarchie à l'apogée du pouvoir absolu, et son déclin vit le trône changé en échafaud. Il est hors de doute que les intermédiaires de ces deux époques, c'est-à-dire les fautes et les revers du grand roi, les folies de la régence, les faiblesses de Louis XV, et les dilapidations de ces règnes, ont amené les déplorables conclusions du XVIIIe siècle. Le XIXe a vu naître à son tour un despotisme nouveau. Ainsi tous deux ont eu pour débuts les deux pouvoirs les plus impératifs qu'on ait vus en France. De tels rapprochements ne sont pas sans intérêt.

Tout se suit et s'enchaîne. En politique, les événements sont conséquent les uns des autres. Louis XIV, la régence et Louis XV expliquent la réaction de 1789; les exagérations de 1789 sont la semence pour l'ivraie de 1793. Le régime de la terreur fait comprendre Napoléon comme nécessité; l'Empire explique la restauration, et la restauration la crise de 1830. Ainsi les événements s'emboîtent les uns dans les autres, comme les diverses parties d'un mécanisme, dont la passion, bonne ou mauvaise, est le moteur.

(7 page 41.)

Necker en fit l'épreuve : à l'Etat qui chancelle
Par trois fois son génie offre un secours fidèle.

Le Genevois Necker fut appelé pour la première fois en 1776 à l'administration des finances; en 1781 il se démit de cette haute fonction; il y fut rappelé en 1787. En 1789, le 23 juin, il offrit sa démission qui ne fut pas acceptée; Louis XVI le congédia et l'exila le 11 juillet, et le rappela le 16 du même mois; enfin, le 4 septembre, Necker quitta le timon des affaires pour ne plus le reprendre. Devenu spectateur éloigné d'une révolution dont il avait été l'un des acteurs principaux, il vécut jusqu'en 1804, confiné dans sa terre de Coppet, entre Lausanne et Genève.

Pendant notre révolution, aucun nom n'a été plus populaire que celui de Necker. Et pourtant, ce ministre, dont le buste fut porté en triomphe la veille de la prise de la Bastille, dont la voiture fut plusieurs fois traînée en triomphe par le peuple, fut, lors de son départ pour la Suisse, en 1790, insulté, arrêté par ce même peuple, sur la route où il avait été, en 1781, escorté de regrets et de bénédictions. Faut-il s'en étonner ! ne vit-on pas, en ce temps-là, des citoyens accusés de *Fayétisme* par ceux qui, auparavant, exaltaient M. de La Fayette? Robespierre et Marat ont été populaires, Malesherbes et Bailly impopulaires. Certes la faveur du peuple est un bien digne d'une noble ambition; mais ce bien est si fragile, et les cœurs qui le donnent sont si variables ! La popularité est comme une maîtresse capricieuse; l'homme qui la possède ne doit pas se laisser posséder par elle. La bonne renommée, fille des vertus, est une chaste épouse avec laquelle on vit sa vie entière.

Sans doute la vie politique de Necker serait mal appréciée, si l'on s'en rapportait seulement à la haine des partis ou à l'enthousiasme filial de madame de Staël; mais un homme dont le talent et l'impartialité sont honorés, a porté un jugement qui peut servir de base au nôtre.

« La postérité, a dit M. de Lally-Tollendal, la postérité, je n'en ai pas le plus léger doute, placera Necker au premier rang parmi les hommes publics ou privés les plus généralement et les plus constamment vertueux, parmi les ministres des finances les plus habiles et les plus désintéressés, parmi les écrivains les plus élevés par la pensée, les plus utiles par la doctrine, les plus puissants en morale comme en style. La postérité dira du premier ministère de Necker, que, s'il n'eût pas été interrompu, il eût porté la gloire du prince et la prospérité du peuple au plus haut degré; elle dira du second, que Necker a été le médecin appelé trop tard au lit du malade frappé à mort. » *Biographie universelle.*

(8) page 41.

Où Corinne vivait d'une si belle vie
De ses jours précieux a pâli le flambeau ;
Sa dernière demeure est près de son berceau.

Madame de Staël, née le 22 avril 1776 à Paris, y mourut le 14 juillet 1817 ; ses restes furent transportés à Coppet, où ils reposent auprès des sépultures de monsieur et de madame Necker.

Lorsque je visitai Coppet, je ne pus obtenir la permission de pénétrer dans l'enceinte qui renferme les tombeaux de la famille Necker. Il y avait défense expresse de les laisser voir en l'absence du propriétaire. Sans blâmer cet ordre, qui évite peut-être des profanations, dont les exemples ne sont que trop communs, il est regrettable pour plus d'un pèlerin, de ne pouvoir payer un respectueux tribut à des mânes illustres.

(9) page 41.

Beaux arbres de Coppet.....
Vous n'avez pas suivi vos possesseurs d'un jour.

Neque harum, quas colis, arborum...
ulla brevem dominum sequetur.

HORAT. *Od.* XI, lib. II.

(10) page 42.

L'impétueux Calvin, hardi législateur.

Calvin (Jean) était fils d'un tonnelier. Il naquit à Noyon, en Picardie, le 10 juillet 1509, et mourut à Genève, le 27 mai 1564. Calvin s'était proposé pour but d'étendre la réforme, et, suivant l'expression de Bossuet, de lui donner *un nouveau tour*. L'église de Genève, toute livrée à l'influence du nouveau réformateur, quoique subordonnée par lui à une discipline et à une liturgie autres que celles prescrites par Luther à ses sectateurs, et quoique différent d'eux sur des points essentiels de la doctrine, ne fut pourtant regardée qu'après le colloque de Poissy, comme formant une secte distincte des Luthériens. Ce fut seulement à dater de cette époque (1561) que les protestants de Genève et de France commencèrent à être désignés sous le nom de Calvinistes.

Calvin, d'un caractère sombre, orgueilleux et dur, possédait éminemment l'activité, et surtout l'inflexibilité, qui font les chefs de parti. Il avoue lui-même combien il était irritable : dans une lettre adressée à Bucer, prosélyte luthérien à Strasbourg, il écrit ces propres mots : « Je « n'ai pas de plus grands combats contre mes vices, qui sont grands et « nombreux, que ceux que j'ai contre mon *impatience* : je n'ai pu « vaincre encore cette *bête féroce*. » Bête féroce, en effet, cette haine de toute opposition à ses principes, qui alla jusqu'à vouloir immoler les contradicteurs. Servet ne fut pas la seule victime à Genève, de l'influence toute puissante que Calvin y exerçait sur le consistoire et sur les magistrats (V. la note suivante). Jacques Gruet eut la tête tranchée « pour avoir écrit des lettres impies et des vers libertins, et avoir travaillé à renverser les ordonnances ecclésiastiques ; » Bolsec fut mis en jugement pour crime d'hérésie volontaire ; Valentin Gentilis fut condamné à mort, comme ayant émis sur la prédestination d'autres idées que celles de Calvin, et sa rétractation le sauva seule du supplice. Qui oserait opposer le mot de *rigueur nécessaire* ? Il est honteux que cette expression barbare, qui semble faite pour le XVIe siècle, ait été imaginée de nos jours. Aucun sophisme ne peut légitimer l'intolérance sanguinaire.

Il faut se hâter d'ajouter, pour rendre à la vérité un complet hommage, que Calvin eut plus d'une des qualités de l'honnête homme. Il était, disent les biographes, sobre, tempérant, d'une remarquable austérité de mœurs, d'un désintéressement sans égal. Son unique passion, qui absorba tout, fut pour le triomphe de ses opinions.

Luther (Martin), né le 10 novembre 1484, à Eisleben, en Saxe, mourut au même lieu le 18 février 1546.

(11) page 42.

L'infortuné Servet, que la flamme consume.

Servet (Michel) était né en 1509 à Villanuova, en Aragon. Il passa fort jeune en France, et se rendit à Toulouse, pour étudier le droit à l'université de cette ville. Déjà de longue main se préparait l'œuvre de la réformation; c'était le temps des controverses religieuses. La controverse! il semblait que Servet fût né pour elle. Son esprit inquiet, était essentiellement disputeur. Témérairement opposé aux dogmes fondamentaux de la foi chrétienne, de bonne heure il se fit connaître comme l'un des plus fougueux anti-trinitaires. En 1531 il osa publier un écrit intitulé *De Trinitatis erroribus*, et l'année suivante des *Dialogues sur la Trinité*; et telle était l'audace de ces deux ouvrages, qu'il n'y eut qu'un cri contre le scandale causé par eux. Nous ne pouvons, dans cette simple note, suivre Servet dans toute son orageuse carrière où son caractère bouillant ne trouva rien qui pût le fixer, puisqu'il embrassa et quitta tour à tour le barreau et la médecine, où portant la la même humeur frondeuse, il se fit de nouveaux ennemis. Lassé de ces deux professions pour lui infructueuses, il se fit correcteur d'imprimerie. Employé à une réimpression de la Bible, il prit sur lui d'y ajouter des annotations que Calvin a qualifiées *impies et impertinentes*. Ce fut là l'origine de ses relations avec ce réformateur, non moins fougueux que lui. Une correspondance s'entama entre eux sur le ton de l'aigreur, leurs lettres ne furent bientôt plus qu'un tissu d'invectives, et les deux antagonistes se vouèrent une haine irréconciliable, dont le malheureux Servet devait être la victime. Celui-ci, dans l'intention d'humilier son rival, lui adressa une diatribe manuscrite, où il signalait une foule d'erreurs qu'il avait remarquées dans ses œuvres. Dès lors Calvin déclara que « si jamais cet hérétique lui tombait entre les mains, il emploierait tout son crédit auprès des magistrats pour lui faire perdre la vie. »

Cependant Servet entama un nouvel ouvrage contre la Trinité et plusieurs des autres dogmes : cet ouvrage, intitulé *Christianismi restitutio*, imprimé en 1553, à Vienne en Dauphiné, est devenu si rare, que des 800 exemplaires qui, dit-on, furent tirés dans l'origine, on n'en connaît plus que deux, l'un à Paris, à la bibliothèque du Roi, l'autre à la bibliothèque impériale de Vienne en Autriche. Calvin, exaspéré des expressions méprisantes qui lui étaient prodiguées dans ce libelle jura d'en tirer vengeance. Il dénonça l'auteur au cardinal de Tournon, alors archevêque de Lyon, et très hostile contre tout ce qui attaquait la foi dans son diocèse. Un mandat d'arrêt fut décerné contre Servet, qui prit la fuite, avec le dessein de se réfugier en Italie. Son procès commença aussitôt à Vienne; il y fut condamné à mort par contumace, et brûlé en effigie, ainsi qu'une partie de l'édition de son livre. Le malheureux fugitif, pressé de gagner l'Italie, où il avait dessein de chercher un asile, commit l'imprudence de prendre la route de Genève. Calvin fut averti à temps de sa marche, et le fit arrêter. Durant le procès instruit à Genève, les deux adversaires eurent encore ensemble des disputes opiniâtres, où Servet se montra inflexible dans ses opinions. Le conseil, entièrement livré aux suggestions de Calvin, condamna l'accusé à être brûlé vif. Cette cruelle sentence fut rendue le 26 octobre 1553, et exécutée le lendemain, presque sous les murs de la ville. Servet soutint les horreurs de son supplice avec un stoïcisme digne d'une meilleure cause; il expira, comme il avait vécu, sans donner le moindre signe de repentance.

Assurément cet infortuné eut des torts graves; mais il les expia cruellement par sa fin tragique, dont la responsabilité pèse à jamais sur la mémoire de Calvin. Cet assassinat juridique, dont il fut l'auteur, puisqu'il put l'empêcher, a imprimé sur son nom une tache ineffaçable. Ce fut, avec plus de cruauté, la même intolérance que montra saint Bernard pour Abailard; mais celui-ci était plus disert, moins impétueux, et professa des doctrines moins subversives que Servet. Ce dernier eut évidemment des facultés puissantes, qui mieux dirigées et mieux élaborées, eussent probablement fait de lui un grand homme, si son impétuosité naturelle eût pu se contenir. Ses ouvrages, dit-on, sont obscurs, ses idées et son style confus. Il fallait lui opposer l'ascendant du talent et non pas un bûcher; brûler n'est pas répondre.

(32) page 42.

Athènes de la Suisse, et comme Athène ingrate,
La cité de Calvin est celle de Socrate.

Voltaire disait : « La ville de Calvin est devenue celle de Socrate;

c'est un peuple de sages. » A la vérité il ne pensa pas toujours ainsi, et cette bonne opinion du patriarche de Ferney se trouve démentie par plus d'une diatribe contre les Genevois.

(13) page 42.

Ici Rousseau naquit pour l'immortalité.

J.-J. Rousseau croyait être né le 4 juillet 1712 ; lui-même il a précisé cette date dans une lettre du 27 janvier 1763, adressée à madame de Latour-Franqueville ; mais il résulte du registre sur lequel il fut inscrit, qu'il naquit le 28 juin (voyez l'*Histoire de la vie des ouvrages de J.-J. Rousseau*, par M. de Musset-Pathay, tome II, page 287). Il paraîtrait que Rousseau avait pris le jour de son baptême pour celui de sa naissance.

La maison où il naquit existait encore intacte en 1825, dans sa simplicité première. Sur une plaque de marbre noir, placée au-dessus de la porte d'entrée, on lisait ces mots, gravés en lettres dorées :

Ici est né J.-J. Rousseau,
le XXVIII juin MDCCXII.

Et bizarrement accollées à cette inscription les deux enseignes suivantes: *Coulin faiseur d'outils.* — *J. Gaillard, maître couvreur.*—La maison du philosophe n'était, en effet, qu'une demeure d'ouvriers, et des plus chétives de la ville. Je la revis en 1829, elle n'était plus reconnaissable ; un nouveau propriétaire l'avait recrépie, embellie, et par conséquent dénaturée : l'inscription seule a été respectée ; la rue porte ce nom de J.-J. Rousseau.

M. Moultou, fils de celui qui fut l'ami de Jean-Jacques, et le dépositaire d'une partie de ses manuscrits, m'a montré ces précieuses reliques. Non content de cette complaisance, il a bien voulu me faire présent d'un feuillet de la main de Rousseau. En le transcrivant ici, et le donnant pour passe-port à mes notes, je m'assure qu'elles ne manqueront plus d'intérêt.

FRAGMENT INÉDIT
DE J.-J. ROUSSEAU.

« Pourquoi le sublime produit-il un si grand effet ? C'est que cette simplicité dans les grandes choses, fait supposer qu'elles sont familières à celui qui parle, et qu'elles n'ont rien pour lui d'extraordinaire. Rien n'annonce mieux une puissance infinie, que tant de facilité à faire ce qui passe l'entendement humain. L'imagination s'effraye et s'arrête, en recherchant ce qui pouvait coûter quelque effort à celui qui n'en met point à des productions aussi incompréhensibles que celle-là.

« Quoi! faire la lumiere est une opération si simple, qu'il suffit de dire tranquillement à la lumière d'être, pour qu'à l'instant la lumière soit! ...

Même simplicité dans le discours et dans l'exécution. L'auteur ni l'historien n'ont vu rien d'étonnant dans une opération que le lecteur ne peut même imaginer. Quel est donc cet ordre inconnu de puissance, dont les moindres opérations sont au-dessus de l'esprit humain; et que doit-on supposer dans celles qui lui coûteraient quelque effort!... »

Après ceci, au bas du même feuillet, est écrit ce qui suit :

« Manez; Pharez, Tekel. Intrépidité sublime dans le spectateur qui aurait tranquillement copié ces mots sur ses tablettes. »

(14) page 43.

Et de la passion ta flamme était l'essence.

His love was passion's essence.

« Son amour était l'essence de la passion. »

BYRON, *Childe-Harold*, ch. III.

(15) page 44.

De la docte cité Spon a tracé l'histoire.

Jacob Spon, médecin et antiquaire, n'était pas Génevois; il était né à Lyon en 1647; mais on lui doit une *Histoire de Genève*, dont Abauzit donna, en 1730, une 2e édition, en rectifiant les erreurs qui s'y trouvaient (V. ci-après la note 21).

(16) page 44.

Mallet de l'Helvétie enregistra la gloire.

Mallet (Paul-Henri), né à Genève en 1730, mort en 1807, est l'auteur d'une *Histoire des Suisses ou Helvétiens*; Genève, 1803, 4 vol. in-4°; ce livre est estimé. — Mallet-Prévost (Henri), savant géographe, était le frère aîné de celui que nous venons de citer. — Mallet-Dupan (Jacques(, rédacteur du *Mercure de France*, et de plusieurs recueils politiques, était de la même famille. — Tous les trois étaient de Genève.

(17) page 44.

Lefort la propageait, quand ce républicain
Alla civiliser un empire lointain.

Lefort était né à Genève en 1656; ce fut en Hollande qu'il connut Pierre-le-Grand. Ce prince, rencontrant en lui un caractère conforme au sien, le prit en amitié et l'emmena en Russie. Lefort, doué de qualités éminentes, aida puissamment le czar, et dans ses entreprises militaires, et dans les vastes projets qu'il avait conçus pour la réforme de son empire; il obtint et mérita les titres de commandant général des troupes de terre et de mer de la Russie, d'ambassadeur plénipotentiaire, de premier ministre, et surtout d'ami intime du czar. Lefort mourut à Moscou en 1699; il n'était âgé que de 43 ans. Pierre Ier le pleura, et lui fit faire des obsèques magnifiques auxquelles il assista.

Thomas a fait de Lefort l'un des héros de son poème de la *Pétréide*.

(18) page 44.

Bonnet, d'un œil perçant contemplait la nature.

Le naturaliste philosophe Bonnet était né à Genève en 1720. De ses nombreux ouvrages, consacrés à l'histoire naturelle ou à de hautes questions philosophiques, le plus célèbre est la *Contemplation de la nature*, livre écrit d'un style lucide, et où la métaphysique est à la portée de la plupart des lecteurs. On a dit de Bonnet qu'il sut populariser la science. Cet écrivain a été tour à tour accusé de matérialisme, et défendu de ce reproche : un examen impartial et approfondi de ses doctrines peut donc seul déterminer le jugement qu'on en doit porter. Une singularité chez ce naturaliste, est qu'il ne sortit jamais de son pays ; il mourut en 1793, dans sa maison de campagne, au bord du lac de Genève. Saussure prononça son éloge sur sa tombe, et la magistrature alla en corps faire inscrire la date de sa naissance sur la porte de sa maison.

(19) page 44.

Conquérant du Mont-blanc, l'intrépide Saussure
Du globe interrogé trahit plus d'un secret.

Horace-Bénédict de Saussure, né à Genève le 17 février 1740, mourut en cette ville le 22 janvier 1799.

Le 8 août 1786, deux habitants de Chamouny, Paccard et Balmat, parvinrent les premiers à la cime du Mont-Blanc : Saussure les y suivit de près (le 3 août 1787), et il fut le premier naturaliste qui atteignit ce sommet, dont la hauteur, suivant lui, est de 14,700 pieds au dessus du niveau de la mer. Il a consigné un récit de cette pénible et dangereuse ascension, dans ses *Voyages dans les Alpes*, ouvrage précieux, exempt d'hypothèses et de systèmes hasardés ou vagues, véritable mine d'observations et de faits, qui servira toujours de base à toutes les recherches géologiques.

(20) page 44.

Pictet, Huber, Deluc, Senebier et Ducret,

Osaient analyser les effets et leurs causes.

Le nom de Pictet est celui d'une famille génevoise qui a produit plusieurs hommes de mérite en divers genres. Jean-Louis et Bénédict Pictet se sont particulièrement distingués dans les sciences physiques.

Le naturaliste François Huber, auteur ingénieux des *Observations sur les abeilles*, était fils de Jean Huber, qui avait acquis une célébrité d'un genre unique, par ses tableaux et portraits en découpure, exécutés, dit-on, avec une précision et un esprit étonnants. Le père et le fils étaient génevois. — Huber, le traducteur de Gessner, n'appartenait pas à cette famille.

La physique et la géologie doivent beaucoup aux deux frères Deluc, nés aussi à Genève, et recommandables par de précieuses découvertes.

On doit à Senebier (Jean), naturaliste et bibliographe, né à Genève en 1742, une *Histoire Littéraire de Genève* et d'utiles ouvrages de physique et de botanique.

Micheli-Ducrêt, né à Genève en 1690, détenu durant 18 ans dans la forteresse d'Aarbourg, au canton de Berne, fit tourner les loisirs de sa captivité au profit de la science, en donnant les mesures des Alpes qu'il voyait de sa prison.

La nomenclature des Génevois qui ont illustré les sciences naturelles serait longue à compléter. Les Lesage, les Tingry, les Jurine, les Prévost, les Candolle, et tant d'autres, tiennent le rang le plus honorable parmi les savants qui ont professé avec succès la minéralogie, la zoologie, la botanique, et tout ce qui se rattache à l'étude des trois règnes de la nature.

(21) page 44.

Le modeste Abauzit, sans chercher l'inconnu,
Pour science première invoquait la vertu.

Abauzit (Firmin), né à Uzès en 1679, était Calviniste, et lors de la révocation de l'Édit de Nantes, il se réfugia à Genève qui devint sa patrie d'adoption. Il y obtint le droit de bourgeoisie et le titre de bibliothécaire de la ville. Il mourut en 1767, à l'âge de 88 ans. Newton professait une haute estime pour la vaste érudition d'Abauzit, et J.-J. Rousseau a consacré à son noble caractère un magnifique éloge (Voyez *Nouvelle Héloïse*, V[e] partie, L. I.).

(22) page 44.

Ferney, je viens t'offrir mon solitaire hommage.

Voltaire est le prophète des idées libérales, et les croyants à la liberté visitent Ferney avec la ferveur que les sectateurs de Mahomet portent au pélerinage de la Mecque.

Quand Voltaire vint habiter Ferney, en 1760, ce qui est maintenant un gros bourg n'était qu'un hameau. Il l'augmenta successivement d'un grand nombre de maisons; chaque année, il en faisait bâtir plusieurs, où il attirait des agriculteurs, des horlogers, des ouvriers en divers genres. Aux uns il fournissait des instruments aratoires; aux autres il avançait des fonds, et tous il les logeait pour un modique loyer. Sa colonie prit un tel accroissement, qu'en 1778 on y comptait 80 maisons et un millier d'habitants.

Avant d'arriver au château, on rencontre la chapelle élevée par le patriarche de Ferney. L'inscription *Deo erexit Voltaire*, a été supprimée. Des gens, intéressés peut-être à le dire, prétendent que cet oratoire existait avant le séjour de Voltaire à Ferney : c'est ce que m'assurait une bonne vieille, qu'on avait sans doute endoctrinée à cet égard. A l'extérieur de la chapelle, sur l'une des faces latérales, est appuyé un petit monument de forme pyramidale, que le philosophe s'était réservé pour sa dernière demeure, hors de l'église, mais adhérent à elle, et en quelque sorte ni dehors, ni dedans.

Deux seules pièces du château ont été conservées dans l'état où elles étaient au temps de Voltaire, sa chambre à coucher et un salon contigu. Celui-ci renferme quelques fauteuils vermoulus en tapisserie, une console surmontée d'une glace, une sorte de sarcophage orné du buste de Voltaire, deux tableaux représentant, l'un *des amours désarmés pendant leur sommeil*, et l'autre la *Toilette des Nymphes*: ces peintures sont de mauvaises copies d'après l'Albane, que Voltaire croyait être des originaux; car il est à remarquer que, de son propre aveu, il n'entendait rien ni à la musique ni aux arts du dessin. En face de la fenêtre de la chambre, est un lit de bois peint, le lit où reposait Voltaire, quand il pouvait goûter le repos! Les rideaux ne doivent plus s'appeler de ce nom, car ils ne pourraient remplir leur office, il n'en reste que quelques lambeaux. Chaque visiteur en a successivement détaché des fragments, et ce qui pend encore ressemble à des guenilles. En face de la cheminée, est un cénotaphe de mauvais goût, qui fut érigé par madame Denis. Les murs sont couverts des portraits de Frédéric II et de l'impératrice Catherine (ce dernier brodé à la main), de madame du Châtelet, de Lekain (peinture au pastel), et des portraits gravés du pape Clément XIV, du duc de Choiseul, de Pierre Corneille, de Racine, de Leibnitz, de d'Alembert, de Diderot, de Thomas, d'Helvétius, et d'un assez joli pastel représentant un petit Savoyard.

Lors de ma dernière visite à Ferney, le château appartenait à M. de Budé, de Genève. Je ne sais si les choses y sont encore maintenant dans l'état que je viens de décrire.

(3) page 45.

O maison d'Aristipe! ô jardin d'Epicure!

Vers de Voltaire dans son *Epître à sa terre, près du lac de Genève*, 1755.

(24) Page 45.

Oui, Voltaire, j'en crois tes vers harmonieux,
Ton lac est le prémier....

Voir l'*Épître* précitée.

(25) page 45.

Poète, historien, critique, fondateur.

Les quatre mots qui forment ces vers, étaient gravés sur les quatre faces d'un petit mausolée, érigé dans le jardin de Ferney.

(26) Page 45.

Ton esprit est partout; mais, à Ferney, ton cœur
Se survit, honoré dans ta plus belle page,
Et le bien que tu fis est ton meilleur ouvrage.

J'ai voulu rappeler ici les deux inscriptions suivantes, que j'ai lues sur le cénotaphe qui est placé dans la chambre de Voltaire, à Ferney.

Mon esprit est partout, mais mon cœur est ici.
J'ai fait un peu de bien, c'est mon meilleur ouvrage.

FIN DES NOTES.

HENRI IV À ROUEN,

EN 1596.

HENRI IV A ROUEN,

EN 1596.

> Le plus beau présent que le ciel puisse faire aux hommes, c'est d'unir sous le diadême le génie et la vertu.
>
> (La Harpe, *Éloge de Henri IV*.)

Clio, retrace-nous dans l'antique Neustrie
Henri-Quatre vainqueur de la Ligue ennemie,
Dans les murs de Rouen les États assemblés,
Par les soins du héros les peuples consolés :
Redis-nous son Discours aux Notables de France,
Ces paroles de paix et de noble espérance,
Où, pour mieux exprimer la bonté de son cœur,
Montrant le Béarnais, il cachait le vainqueur.
Assez et trop souvent, Clio, dans nos annales,
Ta main, avec regret, sur des pages fatales
A crayonné les noms d'injustes conquérants ;
En peignant un bon roi, venge-nous des tyrans.

Henri, dans l'infortune exercé dès l'enfance,
Par son glaive assura les droits de sa naissance :
Le tumulte des camps, les clairons belliqueux,
Du monarque futur étaient les premiers jeux:
Moncontour admira sa précoce vaillance ;
Aux plaines de Jarnac, sa jeune expérience
Avait déjà fait lire à de vieux généraux
Dans les yeux de l'enfant l'avenir du héros (1).
Au milieu des revers, par sa fermeté sage
Du grand art de régner il fit l'apprentissage,
Par ses rares vertus sut conquérir la paix,
Et mérita le nom de Père des Français.
Cher prince, c'est ainsi que l'univers te nomme ;
Sous la pourpre des rois tu portas un cœur d'homme,
Tu plaignis tes sujets en combattant contre eux (2),
Et tu ne les soumis que pour les rendre heureux (3).

On avait vu long-temps l'Eglise et la Sorbonne,
Au légitime roi disputer la couronne,
Et le Français trompé, pieusement cruel,
Ne plus connaître en lui qu'un ennemi du ciel.
Alors du Vatican la sombre politique
Soufflait dans tous les cœurs son zèle fanatique,
Et l'Espagnol, armé dans les murs de Paris,
De la Seine usurpait les rivages surpris ;

Mais Bourbon, impassible, affrontait en grand homme
Les armes de l'Ibère et les foudres de Rome.

En butte à la fureur des autans déchaînés,
Incessamment battu par les flots mutinés,
Un roc majestueux qu'assiégent les orages,
Debout, et de son front dominant les nuages,
Brave le vain tumulte et des vents et des flots;
Tel, de ses ennemis dédaignant les complots,
Henri, ferme et stoïque, aux traits de la vengeance
Opposait son courage et sa mâle constance.

En vain la ligue forme un État dans l'État,
Et, complice odieux d'un funeste attentat,
Conspirateur sacré, contre le diadême
Le pontife de Rome a lancé l'anathème;
En vain, s'appropriant les volontés du ciel,
Le sacerdoce a mis le trône sur l'autel;
A tant d'iniquités la valeur va répondre,
Et le bras d'un héros s'apprête à les confondre:
Le destin de la France est aux plaines d'Ivri,
Et la victoire y court sur les pas de Henri.

Peindrai-je la douleur et les sombres alarmes,
Le salpêtre enflammé, le cliquetis des armes,
La mort, l'affreuse mort qui moissonne les rangs,

Les transports des vainqueurs, les clameurs des mourants?
Dirai-je la discorde, implacable furie,
Agitant ses serpents sur ma triste patrie?...
Loin plutôt, loin de nous ce tableau douloureux!
Montrons, dans la victoire, un prince généreux:
La pitié dans son ame enchaîne le courage,
Il veut rendre aux humains le calme après l'orage,
Il crie à ses guerriers qu'enivre le succès:
La mort à l'étranger, mais sauvez les Français!... (4).

L'arbitre tout-puissant des empires qu'il fonde,
Céleste souverain des souverains du monde,
Dieu lui-même, guidait de son doigt protecteur
Un prince que forma l'école du malheur:
Déjà de l'esprit saint la lumière éternelle
Répandait dans son ame une clarté nouvelle,
Et Bourbon, sur le trône, allait être à la fois
L'amour des nations et l'exemple des rois.
D'un mémorable jour naît l'aurore brillante;
Le ciel couronne enfin la vertu triomphante;
La paix a remplacé le tumulte et l'effroi;
La ligue tombe, expire, et le grand homme est roi (5).

Mais bien des maux encore affligeaient la patrie;
Des trésors de l'État la source était tarie;
Les peuples, fatigués de combats et d'impôts,

Dans la paix avaient peine à trouver le repos.
Vainement succombait une ligue rebelle,
La soif de l'or créait une ligue nouvelle,
Et d'avides traitants, vampires désastreux,
S'abreuvaient à longs traits du sang des malheureux.
Sully, ministre sage et philosophe austère,
Des desseins de Henri fut le dépositaire,
Sully, cher à son maître, ami digne de lui,
Le protecteur du peuple, et du trône l'appui.

Dans cette ville antique où la Seine orgueilleuse
Roule avec majesté son onde impétueuse,
S'arrondit en un port, et de cent nations
Voit flotter à l'envi les divers pavillons,
Cité chère au commerce, au dieu de l'harmonie,
Où, plus tard, de Corneille apparut le génie,
Henri voulut tenir des États solennels.
Lorsque la France, en butte à des destins cruels,
De ses calamités a comblé la mesure,
Quand le fiel des partis irrite sa blessure,
Elle-même devient le remède à ses maux,
Elle s'abrite au sein des états-généraux (6).
Ainsi des premiers rois la simple politique,
Pure dans son enfance, à la chose publique
Sans intrigue et sans art consacrant tous ses soins,
De la grande famille assurait les besoins (7).

Non content des lauriers que donne la victoire,
Henri-Quatre désire une plus douce gloire;
Éprouvé par le sort, il connut la douleur,
Et, malheureux, il sait compâtir au malheur (8).
Ses triomphantes mains vont essuyer des larmes:
Soudain le héros parle, et du sein des alarmes
Au secours de la France appelle les Français.
Confidents glorieux de ses nobles projets,
De la publique voix organes respectables,
Mandataires prudents, s'assemblent les Notables,
Et Rouen, dans ses murs, pour la première fois,
Voit la splendeur du trône et le règne des lois (9).
Cette auguste cité, qui respirait naguère
Les homicides feux d'une fatale guerre,
Tranquille maintenant à l'ombre de la paix,
De son roi magnanime accepte les bienfaits:
Avec pompe elle admet l'élite de la France,
D'un peuple infortuné consolante espérance;
Là siègent réunis les ordres de l'État,
Sages représentants, populaire sénat (10).

A ce conseil, enfin, le roi paraît lui-même:
Sans étaler aux yeux l'orgueil du diadême,
Son front calme et serein exprime la bonté,
Et de ses lauriers seuls tire sa majesté.
Le reflet de son ame est peint sur son visage;

Du bonheur de la France on y lit le présage :
Il parle, sa franchise est pleine de grandeur,
Et ce discours touchant émane de son cœur (11) :

« Si j'étais envieux de la gloire stérile
» Que brigue en ses discours un orateur habile,
» Sous un voile imposteur cachant mes volontés,
» Je ne vous offrirais que des mots apprêtés ;
» Mais, vieilli dans les camps, j'ignore l'éloquence :
» De cet art, trop souvent, la vérité s'offense,
» Et la simple raison fuit les dehors pompeux.
» A de plus hauts pensers j'ose porter mes vœux :
» Ta gloire, ô mon pays ! est la gloire où j'aspire,
» Ton bonheur est le seul que mon ame désire.
» Prince par mes ayeux, je confonds tous mes droits
» Dans le titre flatteur du meilleur de tes rois ;
» Que ta fidélité soit mon heureux partage ;
Le cœur de mes sujets, voilà mon héritage.

» Déjà, grâce au Très-Haut, à ses soins protecteurs,
» Guidé par les conseils de zélés serviteurs,
» Appuyé sur le glaive, à regret homicide,
» Des preux que réunit ma noblesse intrépide,
» (Je n'en sépare point les princes de mon sang,
» Le rang de gentilhomme est notre plus beau rang (12),
« Déjà, dis-je, des fers qui pesaient sur la France

» Mon bras sut l'affranchir : à ses jours de souffrance
» Vont succéder des jours de paix et de bonheur ;
» J'en atteste ma foi, vos serments, et l'honneur
» D'un peuple impétueux, mais généreux, sensible,
» Qui, soumis par son prince, est encore invincible.
» Oui, les Français courbés, et jamais abattus,
» Cédant à des Français, ne furent point vaincus.
» Notables, je vous parle au nom de la patrie ;
» Entendez par ma voix cette mère chérie ;
» Vers ses fils malheureux elle exhale un seul cri,
» Elle demande à tous l'union et l'oubli.

» L'abondance et les arts, de retour dans nos villes,
» Ont dissipé la nuit des discordes civiles ;
» Nos champs, que désolaient la guerre et les dangers,
» Couverts de citoyens, sont libres d'étrangers ;
» De son flambeau mourant la ligue désarmée
» A vu fuir dans les airs la dernière fumée ;
» Mais, pour qui triompha des courageux Français,
» La conquête des cœurs est le plus beau succès :
» Ah ! que j'obtienne encor cette douce victoire !
» Mes larmes dès long-temps ont expié ma gloire.

» Secondez les projets que je forme aujourd'hui,
» Notables assemblés, prêtez-moi votre appui.
» Autrefois, les États, vendus à la puissance,

» Obéissaient aux rois, sans consulter la France,
» Et, dans ces vains conseils, sans voix, sans libertés,
» Le monarque, lui seul, dictait ses volontés;
» Ce temps n'est plus; des jours plus calmes vont renaître.
» Je ne viens point ici pour commander en maître;
» Organes des Français, vous êtes réunis
» Pour agir librement, pour donner vos avis;
» Parlez, à vos désirs mon ame s'abandonne;
» Je confie à vos soins les lis et la couronne;
» Je gouverne par vous, régnez sur votre roi,
» Il veut bien s'imposer cette sévère loi :
» Satisfait d'être aimé de la France fidèle,
» Henri met sa personne et son trône en tutelle....

» Un prince rarement conçoit de tels desseins,
» Quand la victoire a mis le sceptre dans ses mains,
» Quand les hasards nombreux d'une longue conquête
» De la neige des ans ont couronné sa tête (13);
» Mais l'amour de mon peuple est mon plus cher espoir,
» Sa tendresse vaut mieux que l'absolu pouvoir,
» Et, pour le délivrer du fardeau qui l'accable,
» Tout me devient aisé, tout me semble honorable. »

Ainsi parla Bourbon : les Notables émus,
Ravis de tant d'amour et de tant de vertus,
Laissèrent éclater un transport plein de charmes,

Et leurs yeux attendris se remplirent de larmes:
Empressés d'obéir aux vœux d'un si grand roi,
L'intérêt général fut pour eux une loi,
Et plus franche, et plus saine, enfin la politique
Devint l'art d'adoucir la misère publique (14).

Tels étaient de Henri les généreux projets;
Tel était ce monarque, ami de ses sujets;
Son règne glorieux présageait à la France
D'un heureux avenir la riante espérance:
On eût vu le héros consoler les mortels,
On l'eût vu, de la paix relevant les autels,
Serrer des nations la chaîne fortunée (15).
Heure trop tard venue, et trop tôt terminée (16)!
La pâle mort, hélas! qui compte ces instants,
Les marque de sa faux à l'horloge du temps....

Que dis-je? du trépas affrontant les outrages,
Henri-le-Grand vivra jusqu'au dernier des âges,
Et son nom, plus puissant que le marbre et l'airain,
Aux siècles à venir commande en souverain.

Mais au Béarnais, oui, l'existence est rendue:
Au souffle des beaux-arts s'élève une statue;
Un Phidias nouveau, sur le bronze animé,
A reproduit les traits du héros bien-aimé (17).

Ô magnanime élan de la reconnaissance !
Plein d'une sainte ardeur, tout un peuple s'élance (18) ;
Mille bras ont saisi le bronze précieux,
Et leurs efforts unis l'entraînent vers ces lieux
Où des Français ravis l'amour patriotique
Réservait au bon roi le triomphe civique.
O spectacle enchanteur ! ô pieux sentiment !
Du pouvoir des vertus éternel monument !

De même que, jadis, à ses dieux domestiques
Rome avait confié ses boulevarts antiques ;
Le citoyen, auprès des lares paternels,
Paisible, s'endormait sur la foi des autels ;
Ainsi du Béarnais l'image révérée
Protége de Paris l'enceinte consacrée ;
Sa présence est pour nous un gage de la paix,
Et le bon prince encor sourit à ses sujets.

NOTES.

(1) Page 102.

Moncontour admira sa précoce vaillance ;
Aux plaines de Jarnac , sa jeune expérience
Avait déjà fait lire....

Le jeune prince brûlait d'envie de jouër des mains; mais on ne luy permit pas, de peur de hazarder sa personne. C'estait sans doute sagement faict de retenir son ardeur. Néantmoins, quant l'avant-garde du duc d'Anjou eut été enfoncée par celle de l'admiral, il n'y eût point eu de danger de le laisser fondre sur la bataille qui estait fort estonnée. Toutefois on l'en empescha, et il s'ecria alors : *Nous perdons nostre avantage, et la bataille par conséquent.* Cela arriva comme il l'avait preveû ; et on jugea dès-l'heure, qu'un jeune homme de seize ans avoit plus de lumières que les vieux routiers.» (PÉRÉFIXE, *Hist. de Henri-le-Grand.*)

(2) page 102.

Tu plaignis tes sujets en combattant contre eux.

Coligni, dans son cœur à son prince fidèle,
Aimait encor la France en combattant contre elle.

(HENRIADE, ch. II.)

8

(3) page 102.

Et tu ne les soumis que pour les rendre heureux.

Il voulait.......vaincre ses ennemis,
Et rendre heureux son peuple après l'avoir soumis.
(Henriade, ch. VI.)

(4) page 104.

Il crie à ses guerriers qu'enivre le succès :
La mort à l'étranger, mais sauvez les Français!

Ce sont les propres paroles de Henri IV : « *Sauvez les Français, et main-basse sur l'étranger!* »

(5) page 104.

La ligue tombe, expire, et le grand homme est roi.

Ce sujet historique est merveilleusement rendu dans le tableau de M. Gérard, l'*Entrée de Henri IV à Paris.* La scène, si intéressante par elle-même, est composée avec tout l'esprit et le goût qui distinguent le célèbre peintre. La tête de Henri est un chef-d'œuvre d'expression et de vérité. Beau privilége d'un grand talent, de s'associer ainsi à une grande renommée!

(6) page 105.

Elle-même devient le remède à ses maux ;
Elle s'abrite au sein des Etats-généraux.

Il est à présumer que l'origine des Etats-généraux remonte à la plus haute antiquité. Dans le principe, et avant que les passions humaines eussent amené leur dégénération, ils étaient de véritables *conseils de famille.* « Il y a toujours eu des Etats-généraux en Europe, dit Voltaire, et probablement dans toute la terre, tant il est naturel d'assembler la famille, pour connaître ses intérêts, et pourvoir à ses besoins. Les Tartares avaient leur *Cour-ilté.* Les Germains, selon Tacite, s'assemblaient pour délibérer. Les Saxons et les peuples du Nord eurent leur *Wittenagemot.* Tout fut Etats-généraux dans les républiques grecques et romaines. » (*Dict. philos.*)

(7) page 105.

Ainsi des premiers rois la simple politique,
Pure dans son enfance.... . . . .

Le gouvernement démocratique subsista long-temps après l'établissement dans les Gaules. Les Francs formaient une république libre, dont le chef, bien qu'il eût le titre de roi, n'était que le premier fonctionnaire. Le peuple exerçait le pouvoir législatif dans les assemblées du Champ de mai. Charlemagne, qui certes ne fut pas un prince dépendant, respectait la liberté publique et les assemblées nationales.

(8) page 106.

Et, malheureux, il sait compatir au malheur.

Non ignara mali, miseris succurrere disco.

(Virg., *Eneid.*, lib. 1.)

(9) page 106.

Et Rouen, dans ses murs, pour la première fois,
Voit la splendeur du trône et le règne des lois.

« La presence du roi estoit necessaire en Normandie et aux frontieres de Picardie, tant à cause du voisinage des ennemis, et de la crainte qu'il auait que les Anglais ne s'emparassent de ses ports, que de quelques menées qu'il apprehendoit en ces pays-là, luy ayant esté rapporté par des gens qui luy vouloient faire peur qu'il se parloit de creer un duc de Normandie : à cause de quoy ne pouuant pas d'ailleurs tenir cet abregé d'estats à Paris, pource que la peste l'en auait chassé, il l'assigna à Roüen, sans auoir égard à ce que quelques vns luy remonstroient que pareilles assemblées n'auaient pas accoustumé de se tenir hors le ressort du parlement de Paris. » (MÉZERAY).

(10) page 106.

Là siégent réunis les ordres de l'État,
Sages représentants, populaire sénat.

« Afin que cette assemblée fust entierement plausible, et que les resolutions qui s'y prendroient passassent plus facilement dans l'approbation des peuples, il defera la nomination de ceux qui y deuoient assister à leurs compagnies, sans en affecter n'y désigner pas vn. »

MÉZERAY.

(11) page 107.

Et ce discours touchant émane de son cœur.

Le discours de Henri aux notables est rapporté par Mézeray et les Mémoires sous le nom de Sully, à peu près dans les mêmes termes que par Péréfixe. De Thou et d'autres auteurs y admettent quelques différences. On a cru devoir s'attacher au texte de Péréfixe, dont l'authenticité contemporaine est reconnue.

« Si je faisois gloire de passer pour excellent orateur, j'aurois apporté icy plus de belles paroles que de bonnes volontez : mais mon ambition tend à quelque chose de plus haut que de bien parler ; j'aspire aux glorieux titres de libérateur et de restaurateur de la France. Desia par la faueur du ciel, par les conseils de mes fideles seruiteurs, et par l'épée de ma braue et genereuse noblesse (de laquelle je ne distingue point mes princes, la qualité de gentilhomme estant le plus beau titre que nous possedions), je l'ay tirée de la seruitude et de la ruine. Je desire maintenant la remettre en sa premiere force et en son ancienne splendeur. Participez, mes subjets, à cette seconde gloire, comme vous auez participé à la première. Je ne vous ai point icy appelez, comme faisoient mes predecesseurs, pour vous obliger d'approuuer aueuglement mes volontez ; je vous ay fait assembler pour me mettre en tutelle entre vos mains. C'est une envie qui ne prend guere aux rois, aux barbes grises, et aux victorieux comme moy : mais l'amour violente que je porte à mes subjets, et l'extrême desir que j'ay de conseruer mon estat, me font trouuer tout facile et tout honorable. »

Il était difficile, impossible peut-être, dans une traduction poétique, nécessairement paraphrasée, de conserver à cette harangue sa naïve concision. L'essentiel devait être qu'on y retrouvât la teinte chevaleresque qui la caractérise, et que les traits principaux y fussent reproduits avec quelque fidélité.

Si j'étais envieux de la gloire stérile
Que brigue en ses discours un orateur habile....

A propos du mot *orateur*, qui se trouve au commencement de la harangue, Mézeray prétend que Henri IV *touchait* par-là son prédécesseur, qui avait plus soin de bien dire que de bien faire.

(12) page 107.

(Je n'en sépare point les princes de mon sang,
Le rang de gentilhomme est notre plus beau rang.)

Tout le monde sait que Henri se plaisait à dire souvent *qu'il était le premier gentilhomme de son royaume.* Le roi d'Espagne, Philippe II, lui ayant adressé une lettre dans laquelle il avait soigneusement accumulé tous ses titres, le roi de France signa sa réponse : *Henri, bourgeois de Paris.*

(13) page 109.

Quand les hasards nombreux d'une longue conquête
De la neige des ans ont couronné sa tête.

Henri commença à grisonner dès l'âge de trente-cinq ans. Il avait coutume de dire à ce sujet : *C'est le vent de mes adversités qui a donné là.*

(14) page 110.

Et plus franche et plus saine, enfin la politique
Devint l'art d'adoucir la misère publique.

A dire vrai, l'Assemblée des Notables ne fit que peu de choses dans l'intérêt de la nation. On lui peut faire l'application des vers de Voltaire au sujet des Etats de Blois.

Peut-être on vous a dit quels furent ces Etats :
On proposa des lois qu'on n'exécuta pas ;
De mille députés l'éloquence stérile
Y fit de nos abus un détail inutile ;
Car, de tant de conseils l'effet le plus commun
Est de voir tous nos maux, sans en soulager un.

(HENRIADE, ch. III.)

La Harpe blâme ce passage sur les Etats de Blois : « Ce sont là, dit-il, des vérités communes, exprimées d'une manière plus commune encore. » Le critique paraît bien sévère. Au surplus, de pareilles vérités, si communes qu'elles puissent être, ont manqué rarement d'apropos.

(15) page 110.

On l'eût vu, de la paix relevant les autels,
Serrer des nations la chaîne fortunée.

On s'est accordé assez généralement à regarder comme une théorie chimérique le projet de *république chrétienne*, ou de *paix perpétuelle*; on a même révoqué en doute que Henri IV l'eût imaginé. Le dessein de fixer l'équilibre politique de l'Europe était digne d'un grand cœur comme le sien, et l'on doit croire que son génie l'eût mis à exécution, s'il eût été possible de l'exécuter.

(16) page 110.

Heure trop tard venue, et trop tôt terminée!

Henri-le-Grand avait le pressentiment de sa fin tragique : Sully lui avait entendu dire plusieurs fois : *mon ami, ils me tueront.* Il fut assassiné par Ravaillac le 14 mai 1610; vingt ans auparavant, le 14 mars 1790, il avait gagné la bataille d'Ivry.

(17) page 110.

Un Phidias nouveau, sur le bronze animé,
A reproduit les traits du héros bien-aimé.

Un autre rapprochement digne de remarque, c'est qu'on plaça la statue équestre de Henri IV sur le Pont-neuf en 1614, et que son rétablissement fut ordonné en 1814, précisément deux cents ans après.

La première de ces statues avait été fondue en Italie par Jean de Bologne; le navire qui l'apportait en France échoua sur les côtes, près du Hâvre de Grâce : on eut beaucoup de peine à la repêcher dans la vase. Cette statue fut, au reste, le premier monument de ce genre qu'on érigea dans Paris.

(18) page 111.

Plein d'une sainte ardeur, tout un peuple s'élance ;
Mille bras ont saisi le bronze précieux.

L'histoire immortalisera le touchant enthousiasme avec lequel les Parisiens traînèrent la statue de Henri IV ; ce fut une scène vivement caractéristique. Dans cette journée d'apothéose, après deux siècles écoulés, un admirable concert d'acclamations consacra

Le seul roi dont le peuple ait gardé la mémoire.

POÉSIES DIVERSES.

POÉSIES DIVERSES.

Épître

A M. PIERRE GUÉRIN,

Membre de l'Institut, etc.

Rome, 1828.

Grand peintre, historien en des pages sublimes,
Au milieu d'un concert d'éloges unanimes,
Ma muse, s'inspirant de la publique voix,
Pour aller jusqu'à vous d'une épître a fait choix.
Déjà, déjà peut-être on blâme son audace,
Quand d'ici nous voyons la colline d'Horace,
Tibur, où ce poète au luth mélodieux
Écrivait à Mécène en vers dignes des dieux.

Dans cette illustre enceinte aux beaux arts consacrée,
Où préside Minerve, où, par elle inspirée,
La jeunesse, attentive aux leçons du passé,
Recherche avec ardeur le bon goût effacé (1),
Au sein de cette Rome en souvenirs féconde,
Autrefois la merveille et le flambeau du monde,
Je croyais à la muse adresser mes adieux.
Foulant avec respect un sol si glorieux,
Devant tant de grandeur j'inclinais ma faiblesse;
Admirer en silence était de la sagesse :
Vain projet! vain serment! je me surprends encor,
Au plaisir de rimer donnant un libre essor.
Pour cette fois au moins, si mon cœur ne s'abuse,
L'espoir qui le conduit peut lui servir d'excuse,
Qu'un autre cœur l'entende, et mes vœux sont remplis.

Rome, Rome n'est plus ce qu'elle était jadis (2);
Dans la poudre elle a vu ses splendeurs confondues;
Elle n'a plus, hélas! qu'un peuple de statues.
Du Forum dégradé les sombres monuments

---

(1) La villa Médicis, palais de l'Académie de France.

(2) Roma, Roma non è più come era prima.

Dicton des Transtévérins.

Subissent chaque jour un outrage du temps.
Le Tibre coule encor; mais, sur les bords du Tibre,
Dans une foule esclave on cherche un homme libre;
Cette foule, on l'appelle, en de justes dédains,
Les habitants de Rome, et non plus les Romains.

Cependant, les beaux-arts, ainsi que la victoire,
Ont aussi des lauriers, donnent aussi la gloire.
Lasse d'un glaive usé, la cité des Césars
Avait su l'échanger pour le sceptre des arts;
Ce sceptre échappe encore à sa main trop débile.
Dans le Tasse un moment on reconnut Virgile;
Michel-Ange, Arioste, et Dante, et Raphaël,
Météores brillants dans l'azur d'un beau ciel,
Dissipèrent la nuit qui couvrait l'Ausonie;
Plus d'ame qui s'embrase au feu de leur génie;
La gloire ne peut vivre où meurt la liberté.

De ces Romains si fiers nous avons hérité,
Français, pour qui toujours l'honneur eut tant de charmes.
J'en atteste à la fois la gloire de nos armes,
Nos succès dans la guerre, ainsi que dans la paix,
Les lettres, l'éloquence, et leurs heureux progrès,
Et du siècle nouveau la splendeur solidaire
Continuant l'éclat du siècle de Voltaire;

J'en atteste David, Gros, Girodet, Gérard;
Je vous atteste, ô vous, leur émule en cet art,
De la création ingénieux emblème,
Qui double la nature, et fait mieux qu'elle-même!
Il est beau de pouvoir fixer les actions,
D'expliquer au regard l'homme et ses passions.
Que dans *Marcus-Sextus* la douleur est sublime!
Entre un désir funeste et le tourment du crime
Clytemnestre médite, et comme elle éperdu,
Par la crainte à mon tour je me sens combattu.
Sur le front soucieux de *Phèdre* criminelle,
Que dévore en secret sa vengeance cruelle,
J'entrevois le remords, les orages d'un cœur
Qu'ont agité long-temps l'amour et le malheur.
Quelles scènes! leur vue imprime l'épouvante;
Mais de ces grands tableaux la terreur éloquente
Peut, de l'homme pervers confondant les projets,
Le rendre à la vertu par l'aspect des forfaits.

Par un contraste heureux *Didon* charme et captive:
Aux récits du Troyen comme elle est attentive!
Comme on sent que l'amour se glisse dans son cœur!
Ses yeux sont pénétrés d'une molle langueur;
Mais dans son abandon qu'elle est noble et touchante!
Femme et reine à la fois dans sa grace imposante,

Didon cède à l'amour comme on cède au destin.
O prestige flatteur d'un art vraiment divin !
Heureux qui sait donner, docile à la nature,
La pensée aux couleurs, une ame à la peinture,
A des illusions l'attrait du sentiment !

Glorieux possesseur de cet enchantement,
Sage ami du bon goût, et du beau qu'il inspire,
Votre nom appartient aux maîtres de la lyre ;
Je n'ai qu'un faible luth : autrefois j'ai chanté
Des vallons et des bois la douce liberté,
Les Alpes que j'aimais, ce coin riant du monde,
Où j'ai vu mes beaux jours s'écouler comme l'onde ;
Mais pour chanter la gloire il faut d'autres accents,
Et l'éloge indiscret n'est plus qu'un fade encens,
Qui, loin de l'honorer, profane le génie.
Que pourrait de mes vers la trop vaine harmonie
Pour qui sût reproduire à nos regards surpris
Et Virgile et Racine, et leurs divins écrits ?
De ces morts immortels éloquent interprète,
Le peintre les égale, et comme eux est poète.

Admirateur ami d'un pouvoir respecté,
Par votre choix reçu dans votre intimité,

J'en ai connu trop tard la douceur paternelle (1) :
Chaque jour m'y découvre une grace nouvelle ;
J'aime les traits féconds d'un esprit délicat,
Dont la bonté toujours daigne adoucir l'éclat...
Mais sur ce point encor je sens qu'il faut me taire ;
Car, en voulant tout dire, on s'expose à déplaire.
Le cœur et le talent vous doivent applaudir ;
L'un saura vous louer, l'autre sait vous chérir.
Croyez-moi, si la gloire est un grand avantage,
L'amitié, plus modeste, est le trésor du sage ;
On vante le génie, on aime les vertus.

Six ans trop fugitifs bientôt sont révolus,
Depuis que, revoyant cette terre classique,
Pour la seconde fois à l'Italie antique
Vous vîntes demander de paisibles honneurs.
Le laurier qu'Apollon met au front des vainqueurs,
Autrefois dans ces murs fut votre récompense (2) :
Déjà par des succès vous donniez à la France
De vos succès futurs le présage éclatant (3).

---

(1) L'auteur de cette épître, à l'époque où il l'écrivit, était secrétaire-bibliothécaire de l'Académie royale de France à Rome.

(2) M. Guérin avait remporté le grand prix de peinture en 1797.

(3) La réputation de l'artiste était commencée d'une manière brillante, lorsqu'il fit son premier voyage à Rome, car il avait déjà pro-

Où vous étiez chéri, révéré maintenant,
Un double sentiment devient votre partage :
Dans ce même palais qui vit votre bel âge,
Votre nom, vos conseils, votre exemple aujourd'hui
A de jeunes talents offrent un sûr appui :
Sous votre égide, au sein d'éloquentes ruines,
Des beaux-arts de la Grèce, orgueil des sept collines,
Chacun d'eux, consultant le pompeux souvenir,
Sur leur antiquité fonde son avenir.
Oui, de ces lieux encor peut surgir un grand homme,
Et l'art n'est pas éteint sous les débris de Rome.

Ah ! vous devez aimer ce fortuné séjour,
Où vous fûtes disciple et maître tour à tour :
Cependant vous partez ; la voix de la patrie
Soupire doucement dans votre ame attendrie ;
Sur vous elle conserve un ascendant vainqueur.
La patrie a ses droits, et jamais un grand cœur
N'entendit son langage avec indifférence,
Non jamais, quand surtout la patrie est la France.
A cette noble France, où l'amour du nouveau

---

duit son *Marcus-Sextus*, dont l'apparition causa une sorte d'enthousiasme.

Détourne trop souvent de la route du beau,
Vous rendrez du bon goût l'exemple salutaire,
Et du vrai dans les arts conservateur austère,
Opposant un chef-d'œuvre à de pâles essais,
Vous confondrez bientôt d'éphémères succès.
Pour nous, des bords du Tibre aux rives de la Seine
Nous vous suivrons de loin avec plaisir et peine;
Mais, à nos vifs regrets associant nos vœux,
Nous serons consolés, si vous êtes heureux (1).

---

(1) Si les souhaits exprimés ici furent réalisés, ce fut un bonheur de courte durée. M. Guérin revint en France, à l'expiration d'un directorat qui fera époque dans les fastes de l'École Française. Il était retourné en Italie, avec l'espoir de rétablir sa santé depuis long-temps chancelante: ce grand artiste a succombé le 16 juillet 1833, à Rome, entre les bras de son habile successeur, M. Horace Vernet, qui lui prodigua vainement les soins de l'amitié.

À LA

SOCIÉTÉ ACADÉMIQUE

DES ENFANTS D'APOLLON.

Du Dieu des arts fidèles mandataires,
Et du bon goût soigneux dépositaires,
Vous me voyez glorieux et confus
De figurer au nombre des élus.
Un tel triomphe est-il bien légitime ?
Je le sais trop, sur la publique estime
On peut errer : souvent on s'est mépris,
Croyant gagner ce qu'on avait surpris :
Un mot ainsi fait ou défait la gloire.
Daignez, par grâce, entendre mon histoire ;

9.

Car aussi bien je vous suis peu connu,
Et dans ces lieux j'ai l'air d'un parvenu.
   Bien jeune encor, dans ma naissante audace,
Je fus frappé d'un précepte d'Horace;
Et, commentant le texte à ma façon,
Je me disais : Ce grand homme a raison,
La poésie est sœur de la peinture :
Ces arts divins, rivaux de la nature,
A l'avenir transmettent le passé;
Le temps par eux semble à jamais fixé.
Dans l'atelier d'un disciple d'Apelle
De tels pensers trouvent l'ame fidèle,
Lorsque surtout un ascendant vainqueur
Donne au talent les suffrages du cœur.
D'un heureux père admirant les ouvrages
Qui de l'histoire offrent les belles pages,
Et tour à tour savourant les succès
Qui font chérir la muse des Français,
Lisant Boileau, La Fontaine, Molière,
Le grand Corneille, et Racine, et Voltaire,
Un certain jour, d'un fol orgueil saisi,
Je m'écriai : *Je serai peintre aussi !*
Le seul vouloir ne fait point l'homme habile
Je l'éprouvai : sur un luth indocile
Posant, hélas ! des doigts malencontreux,
Je n'en tirai que des sons malheureux,

Et toutefois, dans mon erreur extrême,
Vous m'eussiez vu m'applaudissant moi-même.
Ainsi, bravant la rime et la raison,
Je bégayais loin du sacré vallon.
L'expérience enfin nous désabuse,
Et l'on pardonne au pécheur qui s'accuse.
Un sage ami modéra mes transports;
Il m'instruisit à régler mes efforts,
A me soumettre au joug de la césure,
A préluder et chanter en mesure :
Je fus docile, et de nouveaux essais
Furent payés par un premier succès.

J'osai bientôt, oubliant ma faiblesse,
M'aventurer sur les bords du Permesse :
Là, confiné dans un coin du vallon,
J'apercevais le temple d'Apollon,
Et j'admirais sa magique structure,
Où l'art triomphe au sein de la nature.
Parfois, portés sur l'aile des zéphirs,
Des sons lointains, mélodieux soupirs,
Venaient charmer mon oreille captive;
Mais plus souvent, à mon ame attentive
Le vent jaloux dérobait leur douceur,
Et d'un zéphyr dépendait mon bonheur.

Ainsi s'enfuit notre vie incertaine,
Et tout plaisir est mêlé d'une peine.
Un jour enfin, dans ce lieu retiré
Je m'égarais, quand j'y fus rencontré.
Un fils des arts, chancelier au Parnasse,
Se promenait avec Tibulle, Horace,
Linus, Orphée, Anacréon, Zeuxis,
Tous ses rivaux, et pourtant ses amis;
Non loin de là, Praxitèle et Musée
Goûtaient le frais dans le docte Élysée.
A cet aspect, je parus interdit,
Comme surpris en un flagrant délit.
« Il est bien vrai, dis-je d'un ton timide,
» Seigneurs, ici j'ai pénétré sans guide;
» Mon passeport est l'admiration.
» Qui n'est saisi d'un peu d'ambition?
» D'un pied furtif j'ai franchi, non sans crainte,
» Du double mont l'harmonieuse enceinte,
» Où d'Apollon brille la lyre d'or.
» Je me disais, et je me dis encor:
» Daignera-t-on recevoir mon offrande?
» Ne suis-je pas ici de contrebande?
» Parlez, Seigneurs, puis-je unir sans danger
» A vos concerts un accent étranger? »
Le chancelier, lors avec un sourire:
« Jeune homme, ailleurs le zèle peut suffire;

» Chez nous il faut des titres constatés. »
Je déclinai noms, prénoms, qualités,
En ajoutant : Le fils d'un de vos frères,
« Selon nature et ses lois ordinaires,
» Sur votre cœur n'a-t-il pas certains droits ?
» Ah ! si du mien j'interroge la voix,
» Tout à la fois il éprouve et réclame
» De l'amitié la vive et pure flamme,
» Et je me crois petit fils d'Apollon. »
Le chancelier répartit : « Ce beau nom
« Jamais ne fut transmis par héritage :
» D'après nos lois, ce titre est le partage
» Du seul mérite, et les arts libéraux
» Ne sont flétris d'aucuns droits féodaux :
» La gloire, ami, n'est point héréditaire.
» J'aime pourtant votre ardeur téméraire ;
» C'est un grand point ; et, pour qui sait oser,
» Un noble espoir peut se réaliser.
» Il est d'ailleurs plus d'un rang au Parnasse ;
» On peut vous faire une petite place :
» J'en parlerai dans le prochain conseil. »

O songe aimable, et fortuné réveil !
L'événement passa mon espérance,
Car vous étiez dans un jour d'indulgence ;

Elle influa sur la majorité,
Compta les voix, et je fus adopté.

Dignes élus du temple de Mémoire,
Je vous devais ma véridique histoire;
Ces longs détails n'étaient pas superflus;
Et cependant, par ce récit diffus,
De vos accords j'interromps l'harmonie:
En méchants vers je m'adresse au génie;
De moi chétif j'ose l'entretenir.
Plaignez celui que force à discourir
D'un règlement le tyrannique usage:
Des Amphions j'ignore le langage,
Et mal parler, c'est comme chanter faux.
J'abrège donc d'inutiles propos,
Et je vous dois, au moins par bienséance,
Sauver l'ennui de ma reconnaissance.
C'est un sujet propre à de beaux discours;
Mais les meilleurs sont, je crois, les plus courts.
Ce sentiment, qui redoute l'emphase,
Se montre mal dans une périphrase;
On ne dit rien pour avoir trop bien dit.
C'est vainement que le goût applaudit,
Lorsqu'un rhéteur élégamment s'explique;
Le cœur jamais ne sut la rhétorique.

Bien dire est beau, mais bien penser vaut mieux.
Tel est mon but, là je borne mes vœux.
Bien qu'aujourd'hui la critique réclame,
Et dans mes vers m'aiguise une épigramme,
J'ai désormais de quoi la contenter :
Je sais me taire, et je sais écouter ;
Ce talent seul à vous me recommande.
De bonne foi, d'ailleurs, je le demande,
Sans auditeurs que seraient vos concerts ?
Le rossignol au milieu des déserts ?
Et franchement, aux plus rares merveilles,
Il faut des yeux ainsi que des oreilles.

Soigneux toujours d'un silence prudent,
Lorsqu'en ces lieux Apollon, préludant,
Vous pressera, dans l'ardeur qu'il inspire,
De marier aux accords de sa lyre
Le violon, fait pour charmer les Dieux,
Des fiers Germains le clairon belliqueux,
La douce flûte au ton mélancolique,
La noble harpe et le hautbois rustique,
Le clavecin et le grave basson ;
Je n'irai point, dérangeant l'unisson,
Étourdiment, à la lyre savante
Associer une voix discordante,
Je vous promets, d'un soin toujours égal,

De m'en tenir au seul *bravo final.*
Contentez-vous des efforts de mon zèle,
Fils d'Apollon, j'apporte un cœur fidèle,
L'amour des arts, une ame pour sentir,
Et j'ai de plus des mains pour applaudir.

A Lise.

Riches hôtels de notre capitale,
Où l'élégance avec pompe s'étale,
Salons dorés, voluptueux lambris,
Vous rassemblez les heureux de Paris,
Heureux de loin ! de près c'est autre chose.

Tristes heureux que je fuis, et pour cause,
Avez-vous vu, par hasard, la beauté
Rester modeste avec un cachemire ?
Non; dans ses yeux se peint la volupté :
Pour captiver sa bouche aime à sourire ;
Mais ce sourire est perfide, affecté,

C'est l'art enfin, ce n'est pas la nature.
Que j'aime mieux cette candeur si pure
D'un jeune objet élevé loin de vous,
Sous les regards vigilants de sa mère!
Sa modestie est l'orgueil de son père,
Elle sera le trésor d'un époux.

Lise à vingt ans est, dit-on, ignorante,
Même un peu simple, et ses naïfs appas
Prennent les cœurs, et ne s'en doutent pas:
Conserve-la, ta simplesse touchante,
Lise, assez tôt tu deviendras savante.

Tu ne sais point, assise au piano,
Exécuter le brillant concerto;
Tes jolis doigts sur le clavier mobile
Ne forment pas ces merveilleux accords
Qui du public excitent les transports;
Lise, crois-moi, ne deviens point habile.

Tu ne sais point de l'opéra nouveau
Juger les vers ainsi que la musique,
Dire un avis sur les nuds d'un tableau,
Moraliser avec un ton caustique;

Tu ne sais pas un mot de politique ;
Laissant la France aller ou mal ou bien,
Il ne t'importe, et tu comprends à peine
Une carliste, une républicaine :
On a raison, Lise, tu ne sais rien ;
Va, garde-toi de devenir habile.

Ton ignorance est bien plus de mon goût
Que le savoir si vanté par la ville
De Malvina qui, dit-on, sait de tout,
Et beaucoup trop. Savoir le bon, l'utile,
C'est le grand art ; le reste est bien futile.
Tu brilles peu dans la société ;
Tu ne sais point gagner à l'écarté ;
Tu ne sais point (quelle aimable ignorance !)
De la satire et de la médisance,
Comme Fanny, te faire un triste jeu ;
Mais tu connais ce qu'une fille sage
Innocemment doit connaître à ton age :
Tu sais broder, et dessiner un peu :
Veiller aux soins, aux détails du ménage,
Aimer, servir, consoler tes parents,
Faire le bien, ce sont là tes talents.
Ton jugement est pur, il est solide,
Et déjà mûr dans la saison des fleurs.

Tout ton esprit dans ton ame réside,
Et les vertus sont l'esprit des bons cœurs,
Le bon esprit, car il n'est pas stérile :
Aimable enfant, que je te trouve habile !

Mais vingt ans, Lise, imposent une loi :
Avec l'hymen la raison te réclame ;
Tu donneras et ton cœur et ta foi,
Et le bonheur est bien sûr avec toi ;
Car bonne fille est toujours bonne femme.
Que béni soit le fortuné mortel,
Qui doit un jour te conduire à l'autel,
Et te nommer sa femme et son amie !
Qu'il sera doux le lien solennel,
Qui pour jamais enchaînera sa vie
A tes beaux jours ! Quel sort digne d'envie !
Ah ! mille fois trop heureux ton époux !
De ses transports, oui, je me sens jaloux :
Trop chère fille, excuse ce langage
Qui de pudeur colore ton visage ;
Mais, si ce prix appartient à l'amour
Le plus sincère, ah ! je puis à mon tour
Abandonner mon ame à l'espérance.
Je t'aime, Lise, et des beautés du jour
J'ai dédaigné la frivole apparence

Pour ta douceur et pour ton innocence :
Leurs faux attraits sont des pièges de l'art ;
Mon cœur demande une beauté sans fard.
Des sots ont pu te juger ignorante,
Ma Lise, et moi je te trouve savante;
Sans le vouloir tu sais plaire et charmer :
Pardonne, Lise, à ma voix indiscrète,
Un point te manque, et tu serais parfaite,
Ma chère enfant, si tu savais aimer.

A un Vieillard.

Ami, dont les vertus tranquilles
En ce siècle de fer nous rappellent encor
L'imaginaire siècle d'or,
Vous n'étiez point né pour nos villes,
Nos temps sont indignes de vous.
Cette bonté touchante et cette ame si pure,
Trésors de l'avare nature,
Méritaient bien un destin moins jaloux.
Pourquoi faut-il que l'implacable envie
Sur le miel le plus doux distille son poison!
Des talents vrais, de la saine raison
Cette furieuse ennemie

De vos jours printanniers attrista la saison,
Et rembrunit encor l'hiver de votre vie.
Mais écartons ce douloureux tableau ;
S'il nous retrace un long orage,
Derrière le sombre nuage
Le soleil brille, et le jour est plus beau.
Voyez les bois, comme après la tempête
Ils sont redevenus plus verts :
La foudre se tait dans les airs ;
Caché sous les rameaux, le rossignol s'apprête,
En secouant son aile, à de nouveaux concerts,
Et la nature entière a pris un air de fête.
Ami, bannissez le chagrin,
Gardez de l'avoir pour voisin ;
A sa sœur la mélancolie
Confiez-vous plutôt, mais sans trop écouter
Son langage entraînant, sa voix qui sait prêter
Du charme à la tristesse, et dans la rêverie
Nous découvrir une amère douceur.
Craignez, craignez pour votre cœur
Les dangers de la solitude,
Car elle aigrit l'inquiétude,
Et sert d'aliment au malheur.

Souffrez qu'ici je raisonne
Sur un ton moins sérieux :

Les conseils que je vous donne
En vaudront peut-être mieux.

Aux peines d'ici-bas il est plus d'un remède :
Par exemple, buvez, c'est un fort bon parti ;
Voltaire le disait, Voltaire notre ami.
Que le bon vin vous soit en aide !
Par lui le mal est endormi ;
Ainsi que le sommeil il procure l'oubli,
Et l'on n'est plus à plaindre, alors que l'on oublie.
Égarer sa raison n'est pas toujours folie.
Sachons, quand nous devenons vieux,
Quand les ans pèsent sur nos têtes,
Qu'aux vieillards le maître des cieux
Ménage encor des jours de fêtes,
Et qu'il est des plaisirs pour toutes les saisons.
Le vin, ce lait de la vieillesse,
Lui rend la force et l'allégresse.
Vieux, aimez le vieux vin et les vieilles chansons :
Quelquefois il est doux d'égayer la sagesse.
Caton l'ancien, le fait est bien connu,
Dans le bon vin réchauffait sa vertu.

Voulez-vous mieux ? la champêtre nature
Vous offre sa volupté pure ;

Les beaux-arts sous vos yeux mettent plus d'un trésor ;
L'étude vous sourit : voulez-vous mieux encor ?
La douce amitié vous présente
L'appui de sa main bienfaisante.
Amitié, tes liens chéris
Sont plus puissants que ceux de la parenté même ;
On aime peu, si par devoir on aime :
Le sort fait les parents, le choix fait les amis.
Un frère, hélas ! est parfois peu sincère ;
Mais un ami tient toujours lieu d'un frère ;
Il doit dans notre cœur avoir le premier rang,
Les droits de l'amitié valent bien ceux du sang.

Venez à nous, et plus tranquille,
Ami, bravez l'adversité ;
Notre cœur est un sûr asile
Où le vôtre est en sûreté.
Sans crainte laissez-vous conduire :
Ainsi que son frère menteur,
Par un vain espoir de bonheur
L'amitié ne sait point séduire :
Chez elle un doux repos vous est enfin permis :
Où peut-on être mieux qu'au sein de ses amis ?

10.

L'automne.

ÉLÉGIE.

Mets la robe que je préfère,
Prends ton schall aux plis onduleux,
Myrthé, la forêt solitaire
Là-bas nous attend tous les deux.

Nous reverrons la belle allée
Qui te plaisait tant autrefois,
Et cette fontaine isolée
Qui murmure au milieu du bois.

Quand tu regardais l'onde pure,
J'ai vu la nymphe souriant,
Et chaque objet, dans la nature,
Semblait sourire en te voyant.

Reconnais-tu l'antique hêtre,
Témoin discret de mon bonheur?
Voilà bien l'asile champêtre,
Où tu laissas parler ton cœur.

Mais quoi! le souffle de Borée
Attriste déjà le vallon;
Zéphir a quitté la contrée,
Il a fui devant l'aquilon.

Pomone a vidé sa corbeille;
Flore s'éloigne en soupirant;
Déjà de la grappe vermeille
S'écoule un nectar enivrant.

Myrthé, je me croyais encore
Au premier temps de notre ardeur:
Pour l'amour n'est-il qu'une aurore?
N'est-il qu'un jour pour le bonheur?

La feuille, à regret détachée,
S'agite et frémit sous nos pas ;
Ah ! si la feuille est desséchée,
Ma Mirthé, mon cœur ne l'est pas.

En te voyant toujours si belle,
Je ne puis croire au changement ;
Tout varie et se renouvelle,
Et mon cœur aime constamment ;

Car il n'est point d'age pour l'ame,
Contre elle son effort est vain,
Il ne peut rien sur une flamme
Allumée au souffle divin.

Si notre amour reste le même,
Qu'importent les jours révolus ?
Le printemps dure tant qu'on aime,
C'est l'hiver quand on n'aime plus.

Prolongeons, Myrthé, cette ivresse
Qui trompe la marche du temps ;
Aimons-nous, avec la tendresse,
L'Automne est encore un printemps.

Ta voix doucement modulée
A des accents pour le plaisir,
Et dans la coupe ciselée
Se glisse le riant désir.

Laissons aller nos destinées,
En paix qu'elles suivent leur cours;
L'amour embellit nos journées,
Point d'hiver avec les amours.

Fragment.

Quand le printemps ramène la verdure,
Quand les zéphirs sont de retour,
Quel poète, amoureux d'un champêtre séjour,
Peut rester dans Paris, dans cette ville impure?
Peut-on aimer les vers, sans aimer la nature?
Pour moi, dès les premières fleurs,
Je viens revoir leurs naissantes couleurs,
Et respirer leur fraîche haleine;
Je retrouve embellis et le bois et la plaine,
Dont l'hiver si long-temps me ravit les douceurs.
Une beauté convalescente,
Telle est la nature au printemps;

Elle en est plus intéressante
Aux regards de ses vrais amants :
Avec elle je crois renaître ;
Le printemps guérira peut-être
Le mal qu'a ressenti mon cœur :
Lorsqu'il éprouva la douleur,
Hélas! il ne savait qu'à peine
Ce que c'était que le bonheur ;
Il y crut, confiance vaine!
Trop tôt il connut son erreur.
Solitaire, je redemande
Aux bois que j'aime, au doux printemps,
D'un passé fortuné les rapides instants ;
Que la nature me les rende!
Si, pour donner l'oubli des maux,
Ton pouvoir n'est pas sans mesure,
Ne peux-tu donc, au moins, consolante nature,
Au défaut du bonheur, procurer le repos!...

A

LA MÉMOIRE D'UN ENFANT,

Mort pour avoir avalé un Épi.

Adieu, bel ange, enfant, adieu!
En vain ta mère a prié Dieu;
Ses soupirs, sa peine profonde,
De l'art le secourable effort,
N'ont pu te sauver de la mort:
Pourquoi donc venir en ce monde,
S'il te fallait si tôt mourir?

L'épi qui devait te nourrir,
Devenu supplice et misère,
Trancha tes jours dans la douleur;
L'espérance du laboureur
Cause le désespoir d'un père.

Hélas ! dans ton sein déchiré,
Cet épi, poignard acéré,
Fut un instrument de torture ;
Et tu trouvas ta perte au milieu de ces champs,
Témoins de tes jeux innocents.
Or, toi, naïve créature,
Pour subir de pareils tourments,
Qu'avais-tu fait à la nature ?

Le destin ne pardonne pas :
De l'inexorable trépas
La faux t'a moissonné dans la fleur de ton age ;
Ainsi le souffle de l'orage
Effeuille un tendre lys, nouveau né du zéphir,
Qu'un même jour voit éclore et périr.

De ta mère, morte d'avance,
Ta tombe enferme le bonheur.
Enfant, fugitive espérance,
D'une gloire ingénue et d'un paisible honneur
Lorsque déjà brillait ton front vainqueur ;
Quand, mûre avant le temps, ta jeune intelligence,
Précoce pour le bien, décelait un grand cœur ;
Pourquoi faut-il que la parque ennemie,
Ait brisé tout-à-coup le fil d'or de ta vie !

Mais non, tu n'es point mort; avec sérénité
    Tu t'endormis au sein de la nature;
    Ange du ciel, ame candide et pure,
    Tu retournas vers la Divinité.

Voeux.

Je voudrais bien avoir une chaumière ;
Point de jardin, un verger me plaît mieux :
Content de peu, jusqu'à l'heure dernière,
Là je vivrais au comble de mes vœux.

Je voudrais bien cependant qu'une amie
Fût avec moi, seul on n'est point heureux ;
Que son amour embellisse ma vie,
A ce bonheur je limite mes vœux.

Je voudrais bien (car toujours on désire)
Qu'un bel enfant se mît entre nous deux;
Guider ses pas, le former et l'instruire,
Voilà l'objet de mes plus tendres vœux.

Je voudrais bien que des amis fidèles
Vinssent par fois goûter de mon vin vieux ;
L'amitié reste, et l'amour a des ailes ;
Pour l'amitié je dois faire des vœux.

Je voudrais bien, dans mon modeste asile,
Cacher mes jours à l'œil des envieux :
Si leur oubli veut m'y laisser tranquille,
Je n'aurai plus à former d'autres vœux.

Je voudrais bien.... mais non, il faut me taire ;
Point de remords, c'est tout ce que je veux ;
La paix du cœur sous mon toît solitaire,
La liberté, tels sont mes derniers vœux.

L'Hiver.

Quand, accouru des monts hyperborées,
Et précédé des fougueux aquilons,
Le sombre hiver, tyran de nos contrées,
Captive l'onde, attriste les vallons,
Assis autour du foyer tutélaire,
Mes bons amis, bravons les froids autans;
Que l'espérance au fond de notre verre
Fasse briller les roses du printemps.

Lorsque les vents ont désolé la plaine,
Nous avons vu l'hirondelle partir;

Mais elle attend une plus chaude haleine,
Et reviendra sur l'aile du zéphir.
Assis autour du foyer tutélaire,
Mes bons amis, bravons les froids autans;
Un doux espoir sourit au fond du verre,
Buvons, Bacchus nous rendra le printemps.

Si des vieux jours l'hiver offre l'image,
Si la vieillesse est l'hiver pour les cœurs,
Parfois l'amour fond les glaces de l'age,
Et sous la neige il est encor des fleurs.
Assis autour du foyer tutélaire,
Mes bons amis, bravons les froids autans;
La volupté se glisse au fond du verre,
Buvons, l'amour nous rendra le printemps.

Malgré l'hiver et malgré la vieillesse,
Maint philosophe et maint poète heureux
Ont réchauffé leur cœur dans la tendresse,
Et leur raison dans un vin généreux.
Assis autour du foyer tutélaire,
Pour nous, amis, bravons les froids autans;
Que l'aï vieux pétille au fond du verre,
Il nous rendra tous les feux du printemps.

Stances.

Grâce à toi, ma douce amie,
Le chagrin s'est effacé ;
Consolé par toi, j'oublie
Tous les ennuis du passé.

J'étais seul ; dans ma tristesse
Renfermé, je languissais ;
Les beaux jours de la jeunesse
Semblaient enfuis pour jamais.

Tu vins, tu ravis mon ame
Qui s'éteignait loin des cieux,
Et j'en rallumai la flamme
Dans un éclair de tes yeux.

Malheur à l'indifférence !
C'est un morne et froid sommeil ;
Sans amour, sans espérance,
Autant dormir sans réveil.

Mais, ma chère, quand on aime,
Si parfois on peut souffrir,
On chérit le tourment même
Que doit suivre le plaisir.

ADIEUX A LA JEUNESSE.

Adieu beaux jours de ma jeunesse !
Trop décevante illusion,
Adieu bonheur ! le temps me presse,
Et j'ai perdu l'occasion ;
Adieu beaux jours de ma jeunesse !

C'en est fait, je ne verrai plus
Ces moments d'innocente joie :
Hélas ! qu'êtes-vous devenus,
Beaux jours, tissus d'or et de soie ?

Vains regrets! désirs superflus!
Ces jours je ne les verrai plus.

Le riant matin de ma vie,
Au sein d'une molle incurie,
S'est enfui comme un songe vain :
Ainsi, dans son cours incertain,
Le ruisseau sous l'herbe fleurie
S'écoule, ignorant de sa fin.
Déjà je pressens mon déclin,
J'entrevois le soir de ma vie.

Il est vrai, je fus malheureux,
Il m'en souvient, dans mon enfance.
Que mes pleurs étaient douloureux,
Alors qu'un pédant rigoureux
Réprimandait mon indolence!
Mais bientôt je courais aux jeux,
Et j'oubliais peine et science.
Age fortuné de l'enfance,
Où l'on se croit si malheureux!

Adieu donc, jours de ma jeunesse!
Vous êtes passés sans retour :

Il ne reste pour ma vieillesse,
Au lieu de plaisirs et d'amour,
Que la vertu, que la sagesse;
Adieu bonheur! le temps me presse:
Vous êtes passés sans retour,
Adieu beaux jours de ma jeunesse!

Regrets.

Ils ont été bien courts, de ma belle jeunesse
Les doux moments si regrettés !
Sans l'inspirer, mon cœur invoque la tendresse,
Et ses désirs sont rejetés.

Plus de regard furtif, plus de léger sourire,
Jadis par moi seul aperçus !
Mes yeux peindraient encore un amoureux délire ;
Mais on ne les regarde plus.

La coquette beauté se rit de mon hommage
Qui paraît déjà suranné :

Ah! si l'amour n'est fait que pour notre jeune age,
L'homme est par trop infortuné.

Le printemps de la vie est-il la vie entière?
Pour l'été n'est-il plus de fleurs?
Hélas! la fleur d'été de la fleur printanière
N'a point les riantes couleurs.

Plus d'amour! adieu donc, illusion céleste,
Dont je n'ai plus que le danger!
Un cœur sensible encor n'est qu'un présent funeste,
Quand on ne peut le partager.

Le temps et la raison m'avertissent de taire
Un sentiment trop séducteur :
Sort cruel, en m'ôtant le doux espoir de plaire,
Pourquoi donc me laisser un cœur?

Tristesse.

Les beaux jours
Des amours
Comme l'onde
Vagabonde
Ont passé :
C'est un songe
Effacé.
Doux mensonge,
Tu n'es plus :
Superflus
Sont la peine,
Les regrets ;

Désormais
Chose vaine
Est l'espoir.
Ne plus voir
Une amante
A l'œil noir,
Languissante,
Soupirer,
Et tremblante,
Vous serrer;
N'inspirer,
Quand on aime
A l'extrême,
Qu'amitié,
Ou bien même
Que pitié;
Oublié
A moitié;
Triste chance!
C'est d'avance
Être vieux.
Solitaire
Sur la terre,
Il est mieux
De lui faire
Ses adieux.

*

Consolation.

Un beau jour nous invite,
Ma belle, il faut saisir
Les heures du plaisir
Qui s'écoulent si vite.
Du présent jouissons ;
Sur l'avenir glissons ;
Saisissons à la trace
Le bonheur qui s'efface ;
Hâtons-nous, le temps passe,
Ma chère, et nous passons.
Dans l'amoureuse chaîne,
Le plaisir suit la peine.

Et la peine le suit;
Ainsi le jour succède
Et fait place à la nuit.
Au mal qui nous poursuit
Il n'est pas de remède.
Mais, sans trop réfléchir,
Laissons aller la vie
Qu'on ne peut retenir.
Gardons-nous, mon amie,
des regrets superflus;
Du printemps qui s'envole
Que l'été nous console;
Laissons, comme perdus,
Les temps qui ne sont plus;
De leur rapide fuite
Sans nous troubler l'esprit,
Quand le présent sourit,
Que l'amour en profite.

Boutade.

Dans l'age heureux de la tendresse,
Je croyais être aimé toujours ;
Trahi par ma jeune maîtresse,
Je me brouille avec les amours.
Encore au printemps de mes jours,
Je voulus égayer ma vie ;
La folie en troubla le cours,
Je me brouille avec la folie.
Du beau monde j'eus la manie,
Car on s'y forme, nous dit-on :

J'y bâillais en cérémonie;
Je me brouille avec le bon ton.
Pour échapper à ce jargon,
J'allai voir de lointaines plages;
Partout l'homme est dupe ou fripon;
Je me brouille avec les voyages.
Lassé de mes pélerinages,
J'aspire à la tranquillité;
Tant de fatigues et d'orages
Me brouillent avec la santé.
Echappé de la Faculté,
Pour l'étude quand je balance,
Les savants m'en ont dégoûté:
Je me brouille avec la science.
Un ami semble, en conscience,
Me témoigner de la pitié,
Il me vole avec impudence,
Et me brouille avec l'amitié.
Dans l'hymen tout est de moitié,
Dit-on, à deux on n'a qu'une ame:
Oui, mais qu'advient-il, marié,
Si l'on se brouille avec sa femme?
Alors, en trahissant sa flamme,
Elle ravit à notre cœur
L'espoir que tout mortel réclame,
Et nous brouille avec le bonheur.

Il reste un pouvoir protecteur
Qui peut suffire à la vieillesse :
L'homme est digne de tout malheur,
S'il se brouille avec la sagesse.

SIX SONNETS.

I.

Au siècle où nous vivons, à quoi sert une lyre ?
La Muse, pauvre et nue, est en butte au dédain
D'un monde positif où les cœurs sont d'airain ;
Ici-bas le poète est un homme en délire ;

Car ce qu'ils ont nommé l'utile et le certain,
Semble ne point avoir de charme qui l'attire,
Car on ne le voit pas mendier le sourire
De qui tient des faveurs et de l'or dans sa main.

Aussi les parvenus disent, dans leur jactance :
Poète, le réel a seul de l'importance,
Ton bonheur idéal réside on ne sait où.

Ils n'ont jamais compris ce qu'est l'indépendance,
Et parlant du rêveur et de son indigence,
L'un dit : C'est une dupe, et l'autre : C'est un fou !

II.

C'est un fou le poète ! on le disait du Tasse,
Lorsque dans un cachot on le laissa gémir :
Demi-dieu d'Ausonie, au chant si plein de grace,
On te déclarait fou ; tu n'étais que martyr.

C'est un fou ! De ce mot on outrageait naguère
Le barde anglais Byron, ce génie orgueilleux
Qui prononçait bien haut, en poésie amère :
La gloire de mon nom n'a pas besoin d'aïeux.

De Byron et du Tasse ô sublime folie !
Jean-Jacques sut comme eux poétiser la vie :
L'injure et le malheur devaient être son lot.

Mais à qui désormais sur les dons du génie
Osera déverser l'insultante ironie,
Nous dirons pis encor, nous dirons : C'est un sot

III.

La poésie est le règne de l'ame,
Et son triomphe est dans la vérité;
Sa vive ardeur est une pure flamme,
Reflet brillant de la divinité.

C'est ici-bas l'existence ennoblie,
Un saint rapport de l'homme avec le ciel;
C'est l'idéal au milieu du réel;
C'est un bonheur plein de mélancolie.

Doux sentiment, solitaire et pieux,
Terrestre amour qu'ont épuré les cieux,
La poésie est la femme qu'on aime.

Mêlant son charme au prestige des lieux,
Intéressant notre cœur par nos yeux,
La poésie est la nature même.

IV.

Ils seront en vain célébrés,
Ceux qui de l'art ont fait une industrie;
Profanateurs des noms sacrés
De Dieu, d'amour, d'honneur et de patrie.

Ils auront la gloire d'un jour,
Gloire semblable à la beauté factice,
De qui les traits, sur le retour,
N'ont qu'un éclat de fard et d'artifice.

Néant à leur célébrité!
Soutenu par l'iniquité,
Leur faux génie a bâti sur le sable.

Rien de beau sans la vérité!
Rien de vrai sans la liberté!
Sans la vertu point de succès durable!

V.

Le poète est né libre, il vit indépendant;
Philosophe, écarté de la route commune,
A la simple nature il consacre son chant;
Il se tait devant la fortune.

L'amour et l'amitié, des livres favoris,
Les monts et les forêts, le vallon, la prairie,
La majesté du jour et la pompe des nuits,
Voilà les plaisirs qu'il envie!

Il célèbre celui qui ne doit point finir;
Interprète du temps, il lit dans l'avenir,
Tantôt chantre, et tantôt prophète.

A la misère humaine il donne un souvenir;
D'un front calme il attend la mort qui doit venir;
Il sait vivre et mourir poète.

VI.

Quand nous prodiguons au hasard
Et les honneurs et la richesse,
Pour le génie et la sagesse
Que ne gardons-nous une part ?

C'est que le mérite est modeste :
Dans le partage des honneurs,
Il est un lot pour les vainqueurs,
Et l'intrigue usurpe le reste.

Tandis que tout s'est enlevé,
Distrait, le poète a rêvé ;
Il vient à son tour, et réclame.

De l'oubli Dieu l'a préservé ;
Pour lui le ciel fut réservé,
Avec l'amour, trésor de l'ame.

SIX FABLES.

I.

L'Aveugle et la Lanterne.

La nuit avait tendu son voile le plus sombre ;
Un vieil aveugle, une lanterne en main,
Sans guide, sur le grand chemin
Errait en tâtonnant dans l'ombre :
Un passant l'envisage, et dit : Le pauvre fou !
Un lustre, et sa splendeur entière,
Ne l'empêcherait pas de se rompre le cou ;

Pour l'aveugle, en effet, à quoi sert la lumière ?
— Ce n'est plus pour mes yeux que brille la clarté,
Cela n'est que trop véritable,
Répondit le bonhomme avec humilité ;
Mais elle offre à mes pas un secours favorable ;
Sans elle je serais à tout venant heurté ;
Si je ne la vois plus, elle m'est toujours chère ;
Elle avertit d'épargner ma misère,
Et la lumière ainsi, ce bien tant regretté,
Pour un aveugle encore a son utilité.

De tout effet cherchons la cause :
En jugeant sans approfondir,
Souvent à l'erreur on s'expose,
Et l'on s'apprête un repentir.

II.

Le Conseil des Dieux.

Imitation de l'allemand.

Les Dieux venaient de créer l'homme ;
Dans l'Olympe on délibérait,
Pour savoir ce que deviendrait
Cette œuvre imparfaite, on sait comme.

De quelle façon décider
Du destin de la race humaine ?
Faut-il, ou non, lui concéder
Une vie exempte de peine ?

Ainsi mise à l'ordre du jour,
Cette question hasardeuse
Assez long-temps parut douteuse ;
Il était du contre et du pour.

A son tour prenant la parole,
Momus agite ses grelots,
Il rit, et de son ton frivole
Improvise ce peu de mots :

O Marotte ! qu'allez-vous faire ?
Etes-vous fous, confrères dieux ?
Si le bonheur était sur terre,
Nous déserterions tous les cieux.

Soudain jeté dans la balance,
Ce quolibet fut d'un grand poids ;
On prononça notre sentence
A l'unanimité des voix.

Tous les soucis de notre vie
Viennent de ce léger discours ;
Et depuis lors, nos tristes jours
Sont tous marqués par la folie.

III.

Le Chasseur et le Chien.

Imitation de Phèdre.

Un chien vaillant, plein d'ardeur et de zèle,
A son maître toujours s'était montré fidèle :
Tout le gibier le redoutait,
Pas un loup ne lui résistait.
Aussi, tant que dura sa force et son courage,
Il fut choyé, caressé, bien nourri ;
Les meilleurs os étaient pour lui.
Le peuple de la meute avait, pour tout potage,
Les restes de Brifaut. Mais, victime de l'age,
Brifaut sentait languir sa vigueur d'autrefois;

Tout vieillit ; cependant on le vit une fois,
Se ranimant aux feux de sa jeunesse,
Poursuivre un sanglier à la crinière épaisse :
Encouragé par les cors, par les voix,
Et réveillant sa course appesantie,
Il le saisit... hélas ! d'une dent affaiblie,
Et lâcha prise... Humilié,
D'un air contrit, l'oreille basse,
Il venait implorer sa grace.
Mais le chasseur, cruel et sans pitié,
Châtia durement son inutile audace.
En aboîments plaintifs exhalant sa douleur,
Ainsi parla le bon vieux serviteur :
« Je le sens trop, la force m'abandonne,
Mais je n'ai pas manqué de cœur.
Hommes ingrats, plus on vous donne,
Et plus vous demandez. Naguère il m'en souvient,
Maître, tu répétais que j'étais un bon chien ;
Maintenant je suis vieux, et partant bon à rien.
Ah ! méchant, lorsque, pour te plaire,
Je tente mon dernier effort,
Le seul mépris est mon salaire ;
Je le vois, vieillir est un tort. »

IV.

La jeune Fille et la Source.

(Traduction de l'allemand.)

Pensive, une jeune beauté
Se mirait dans une onde pure,
Où sa virginale figure
Brillait avec mobilité.

C'est singulier, se disait-elle,
Ce beau miroir glisse toujours,
Mais il n'entraîne dans son cours
Aucun des objets qu'il rappelle.

Tout-à-coup l'onde se troubla,
Et la nymphe de la fontaine
A la jeune fille incertaine
Du fond des eaux ainsi parla :

Ma chère enfant, telle est la vie,
Qui coule avec limpidité,
Tant que le vice ou la folie
N'altère pas sa pureté.

Vainement tout change autour d'elle
Laissant aller le flot des ans,
La vertu demeure fidèle,
Malgré les hommes inconstants.

Miroir de l'ame, le visage
La réfléchit comme un ruisseau;
On se voit beau tant qu'on est sage,
L'ame s'y peint comme dans l'eau.

Mais, que vienne à souffler l'orage,
Ma pauvre enfant, tout est perdu;
L'eau se trouble, et de la vertu
On ne réconnaît plus l'image.

V.

Le Colibri et l'Oiseau-Mouche.

Chez son ami l'oiseau mouche
Le colibri vint un soir :
Voisin, cet avis vous touche,
Voyez ce nuage noir,
Lui dit-il, d'une tempête
C'est l'avant-coureur certain;
Du mélèze et du sapin
Le vent agite le faîte :
Ecoutez, dans le lointain
Déjà le tonnerre gronde :

Du lac voyez comme l'onde,
Si tranquille ce matin,
Maintenant se ride et tremble
Au souffle de l'aquilon :
Il est temps, dans le vallon,
Croyez-moi, fuyons ensemble.

Le conseil peut être bon,
Et je vous en remercie,
Répondit le frêle oiseau ;
Mais je reste sous l'ormeau,
Mon asile et ma patrie.
Pour grande que soit la pluie,
Frère, je suis si petit,
Que tout, dans mon voisinage,
Aisément me garantit ;
Pour échapper à l'orage,
Une feuille me suffit.

VI.

Le Fleuve et le Ruisseau.

Vers la mer azurée
Un fleuve, roi de la contrée,
Immense, s'avançait d'un pas de conquérant;
Comme un héros il ravageait la terre.
En traversant un vallon solitaire,
Il aperçut, sous le feuillage errant,
Un modeste ruisseau, nayade bocagère :

Avec dédain, de sa voix de torrent,
Vois, lui dit-il, de mon urne grondante,
Vois rouler cette onde écumante;
Ecoute le bruit de mes flots,
Prolongé d'échos en échos,
Frêle ruisseau, tandis que dans la plaine
S'égare ton onde incertaine,
Dont le léger murmure à peine
Emeut une aile du zéphir,
Et dans le gazon va mourir.
Rentre plutôt dans mon domaine,
Viens, timide nayade, et reconnais ton roi.
Lors, élevant la voix, grossissant son murmure,
La nymphe répondit : je m'abaisse vers toi,
Grand fleuve, du plus fort il faut subir la loi,
Qui pour le faible est une injure;
Mais d'abord, à ta majesté
Je veux dire une vérité.
D'où te vient donc tant d'arrogance ?
Dis-moi, sans nous que serait ta puissance ?
D'où naît la masse de tes eaux ?
N'est-ce pas des faibles ruisseaux ?
De ton pouvoir, que tu crois sans limites,
Fleuve, les bornes sont prescrites.
Tu veux régner; ton roi, le nôtre, est l'Océan;
Va plonger dans son sein ton orgueilleux néant;

Là se termine ta fortune,
Là nous attend la fin commune,
Car dans l'Océan tous les flots
Sont égaux.

A vous, si-bonne, je dédie
Ces fleurettes de poésie
Dont les bouquets étaient épars ;
Pour les offrir à vos regards,
Ici l'amitié les recueille :
En les voyant dans votre main,
Je craindrai peu qu'avec dédain
L'indifférence les effeuille.

SIX ROMANCES.

I.

Le Roi Richard.

Le roi Richard, jouet de la fortune,
Vaincu, captif en de lointains climats,
Lassait le ciel de sa plainte importune,
Dans un exil pire que le trépas :
« Ah ! disait-il, trahi par la victoire,
» C'en est donc fait, je n'ai plus d'avenir ;
» Infortuné, je survis à ma gloire,
» Le roi Richard n'est plus qu'un souvenir. »

Près de la tour une voix bien connue
Par ses accents étonne le héros,
Et tout-à-coup à son ame éperdue
Le vent du soir laisse arriver ces mots :
« Console-toi, du sort noble victime,
» Ton nom encore est cher à l'univers ;
» Tes ennemis ont vaincu par le crime,
» Ils subiront la honte de tes fers. »

Le roi Richard à cette voix amie
Connaît Blondel, son fidèle sujet ;
En écoutant les sons de sa patrie,
Un doux espoir dans son ame renaît :
« Est-ce bien toi, toi, mon compagnon d'armes ?
» Si c'est un songe, il serait bien affreux ;
» Parle, Blondel, dissipe mes alarmes,
» Viens-tu sauver ton maître malheureux ?

» — C'est moi, mon prince ! ô jour trois fois prospère !
» Jour qui doit mettre un terme à vos revers !
» Je vous cherchais sur la rive étrangère,
» J'ai des amis, je viens briser vos fers.
» — Quoi ! je verrais mon aimable patrie !
» Mon cher Blondel, en croirai-je mes sens !
» Mes yeux verraient les yeux de mon amie !
» Qu'un tel espoir peut payer de tourments ! »

Blondel assemble une troupe fidèle,
Et dans la tour il va porter l'effroi;
Tout fuit, tout cède à l'effort de son zèle;
L'heureux Blondel a délivré son roi:
Richard revoit les champs de sa patrie,
Ces lieux chéris, témoins de sa grandeur,
Ses yeux ont vu les yeux de son amie,
Richard renaît à la gloire, au bonheur.

II.

Le premier Amour.

L'amour, dit-on, cause un cruel martyre,
Et cependant chacun subit ses lois ;
Ce mal me plaît, la raison a beau dire,
Je veux aimer pour la première fois.

Belle Aglaé, je ne cesse d'apprendre
Ton nom charmant à l'écho de nos bois :
Il te dira, si tu daignes l'entendre,
Que j'ose aimer pour la première fois.

Reçois mes vœux, reçois-les sans colère,
Sur la beauté la jeunesse a des droits;
Notre jeune age est la saison de plaire,
On aime tant pour la première fois !

Viens, Aglaé, partage mon ivresse;
L'amour t'implore, entends sa douce voix :
Mon cœur fidèle, en t'adorant sans cesse,
Croira t'aimer pour la première fois.

III.

L'Amour Ingénu.

Au coin du bois, le long de la prairie,
Quand, le matin, je conduis mon troupeau,
Tendres pensers, confuse rêverie,
Tout doucement m'éloignent du hameau.
Le jour a fui, pourquoi, ma bonne mère,
Ai-je oublié le moment du retour ?
— Je m'y connais, hélas ! ma pauvre Claire,
Ce qui t'agite est ce qu'on nomme amour.

Dans la campagne, ou bien dans le village,
Si par hasard je rencontre Alexis,

Le doux plaisir colore son visage,
Et moi, ma mère, aussitôt je rougis :
Il me salue, et mon trouble est extrême ;
Il me regarde, il rougit à son tour ;
Vous croyez donc, ô ma mère ! que j'aime ?
— N'en doute point, Claire, c'est de l'amour.

Seule, parfois, assise sous un hêtre,
Pensant à lui, je rêve le bonheur,
Le son lointain de sa flûte champêtre
Vient retentir jusqu'au fond de mon cœur :
Pour mieux l'entendre, à peine je respire ;
Ces doux accents m'occupent tout le jour ;
Sans nul sujet, distraite, je soupire.....
— Oh ! pour le coup, c'est bien là de l'amour !

J'accompagnais autrefois les bergères,
Et je les fuis, sans trop savoir pourquoi ;
Jà mes brebis ne me sont plus si chères,
Le bon Médor fait la garde pour moi :
Me direz-vous ce qui cause ma peine ?
Tout me déplaît dans ce riant séjour :
Ah ! je le sens, ma mort est trop certaine.....
— Ma chère enfant, on ne meurt point d'amour.

IV.

Les Deux Orphelines.

Imitation de l'anglais.

Dans le tombeau repose notre mère ;
O ma sœur ! dans ton sein laisse couler mes pleurs ,
Pleurons ensemble, ô toi qui m'es si chère !
Que le désert soit seul témoin de nos douleurs.

Aux premiers feux de la naissante aurore ,
Sur le tertre chéri nous répandrons des fleurs;
Aux feux mourants dont le ciel se colore ,
Le feuillage discret voilera nos douleurs.

Il est perdu notre appui tutélaire ;
Pour tout bien, pour trésor, nous n'avons que nos cœurs;
Au moins, ma sœur, dans ce lieu solitaire
Il nous sera permis d'exhaler nos douleurs.

Sous cet ormeau, ma sœur, je viens d'entendre
Philomèle gémir sur d'antiques malheurs ;
Ecoutons-la, son chant plaintif et tendre
Semble se conformer à nos justes douleurs.

V.

La Sérénade.

I.

Entends le son de mon luth qui t'appelle ;
C'est le signal de notre rendez-vous ;
Te voir, Elmire, est mon vœu le plus doux ;
Sous ton balcon l'amour fait sentinelle.

Heureux instants ! de minuit l'heure sombre
Même aux jaloux prodigue ses pavots ;

Les amants seuls, peu soigneux du repos,
Lorsque tout dort, veillent encor dans l'ombre.

Pour nous la lune a derrière un nuage
Discrètement dérobé son flambeau ;
Tout fait silence, excepté le ruisseau,
Et le zéphir caressant le feuillage.

II.

Tu ne viens pas ; seul ici je soupire,
Et trouble en vain le calme de la nuit :
Bonheur perdu !.... Mais j'entends quelque bruit.....
Je m'abusais, ce n'est pas mon Elmire.

Tu ne viens pas ; quelle attente cruelle !
Veux-tu te faire un jeu de mon tourment ?
O doute affreux !... Parjure à ton serment,
Serais-tu donc volage autant que belle ?

Eh quoi ! déjà la matinale aurore
Répand ses pleurs sur les gazons fleuris ;
Mon luth se tait sous mes doigts engourdis :
Elmire, hélas ! dois-je espérer encore ?

III.

La nuit commence à replier ses voiles ;
J'ai reconnu les bois et les vallons ;
A l'orient, et par-delà les monts,
Un feu pourpré fait pâlir les étoiles.

Dans ses concerts la tendre Philomèle
A du soleil célébré le retour,
Et la fauvette, en saluant le jour,
A ses petits a retiré son aile.

C'en est donc fait, mon espérance est vaine ;
Le jour naissant me rend à la douleur ;
Quittons ce lieu si fatal pour mon cœur ;
On m'a trahi, je veux rompre ma chaîne

VI.

L'Amitié.

A l'amitié,
Infortunés, consacrez votre vie;
Vous que l'amour égara sans pitié,
Vous qui pleurez une amante ravie,
Pauvres humains, le repos vous convie
Chez l'amitié.

De l'amitié
Vers vous se tend la main hospitalière;
Que désormais l'amour soit oublié;
Gardez du cœur l'illusion dernière;
On trouve au moins la paix dans la chaumière
De l'amitié.

14

De l'amitié
Le simple toît, la retraite chérie,
Ne brille point par un luxe envié ;
Là vous avez un bois, une prairie,
Lieux où se plaît la douce rêverie
De l'amitié.

Pour l'amitié,
Reconnaissant, j'accorderai ma lyre,
Et de mon ame elle aura la moitié :
Heureux encor les accents qu'elle inspire !
Heureux les cœurs qui vivent sous l'empire
De l'amitié.

Vers Ecrits

Au Clocher de Strasbourg.

Noble tour, si haut élancée,
Temple digne de l'Eternel,
Tu semble une grande pensée
Qui de la terre monte au ciel.

Mais, hélas! la pensée humaine
Est téméraire quelquefois;
Sa fougueuse audace l'entraîne
Au mépris des divines lois.

Souvent sur une haute cime
On voit tomber le feu du ciel;
Et tu dois craindre, ô tour sublime!
Le sort de la tour de Babel.

Au bord du Rhin.

O Rhin! à l'aspect de ton onde,
Je croyais ressentir de plus dignes transports;
Je m'étais dit : ma muse vagabonde
Pourra s'inspirer sur ces bords.

Mais sur ta grève, ô fleuve magnifique!
A l'abri du saule pleureur,
J'ai fait, en vrai profanateur,
Un repas fort peu poétique.

Tes flots sont harmonieux,
Ils invitent le génie;
Mais hélas! le vin plaît mieux
Aux fils de la Germanie.

Sans respect, ô noble Rhin!
Pour ton urne si fameuse,
A ta barbe limoneuse
Nous avons fêté le vin.

Que le dieu du goût le pardonne!
Nous avons mélangé le cristal de tes eaux
Avec le nectar de Bordeaux,
Nous avons marié le Rhin et la Garonne.

Aux Bains de Pfeffers,

Dans le pays des Grisons.

Sombre Pfeffers, tes roches ténébreuses,
Et de la Tamina les ondes écumeuses,
D'un imposant tableau tous ces grands traits heurtés,
Impriment la terreur dans nos cœurs attristés.
Je crois franchir, au terme de ma vie,
Ce lugubre séjour où l'audace est punie.
Pfeffers, tes affreux souterrains
Semblent l'Erèbe ouvert aux regards des humains,
Et ta nymphe est une furie.

Qui l'eût pensé ? La clémence de Dieu
Nous gardait un bienfait dans ce funèbre lieu ;
Mais parmi la vapeur que cet abîme exhale,
Elle se plut à le cacher.
L'Eternel de son doigt a frappé le rocher,
Et de la voûte sépulchrale,
Là même où retentit la Tamina fatale,
Une source jaillit : ô divine bonté !
Cette onde cristalline adoucit la souffrance
De la débile humanité :
Le malheureux, guidé par l'espérance,
Ressaisit sa frêle existence,
Et tout près des enfers renaît à la santé.

Nature, en merveilles féconde,
Ainsi des maux produits par nos excès
Tu fermes la trace profonde !
Non, je ne crois plus désormais
Que tes rocs menaçants soient les tristes apprêts
De la ruine de ce monde ;
Je n'accuse plus tes fureurs ;
Tu sais, prévoyante nature,
Du bien, du mal balancer la mesure,
Et tu te fais aimer jusque dans tes horreurs.

Stances

Composées au milieu des Alpes.

Comme le torrent dans son cours
Entraîne les feuilles fanées ,
Le temps emporte nos amours ,
Tendres fleurs des jeunes années.

Comme l'onde fuit de la main ,
Comme le vent rapide efface
Un brin d'herbe sur le chemin ,
Du plaisir nous perdons la trace.

Nos plus beaux jours, nos doux loisirs
S'envolent comme l'hirondelle ;
Mais nos regrets, nos souvenirs
Ne sont pas fugitifs comme elle.

Tout est vain, tout est mensonger ;
L'espérance est une ombre vaine,
Le bonheur un souffle léger ;
Tout est vain, excepté la peine.

A la fuite de nos plaisirs
Notre cœur enfin s'accoutume ;
Il est de douloureux soupirs
Dont il conserve l'amertume.

Il est des blessures du cœur
Dont la cicatrice est durable,
Et des pertes dont le malheur
Est à jamais irréparable....

Alors, au regret du passé,
De l'avenir s'unit la crainte ;
Le présent est sombre et glacé,
La vie est une longue plainte.

Tu l'as vu, tu le sais, ô Dieu !
Lorsque tu me ravis mon père,
Dans notre lamentable adieu,
Mon désespoir était sincère.

De ses jours précieux, hélas !
Lorsque tu dénouais la trame,
Je crus mourir de son trépas,
Je sentis se briser mon ame....

J'ai dit : J'irai dans les déserts,
Au sein des montagnes que j'aime ;
Je chercherai dans l'univers
Un refuge contre moi-même.

Mais le désert est dans mon cœur,
Mon ame est une solitude ;
Tout me reflète ma douleur,
Partout me suit l'inquiétude.

Ces riants vallons, ces forêts,
Ces torrents d'une onde si pure,
Les Alpes, leurs pompeux sommets,
Parés de neige et de verdure,

Naguère, dans un saint transport,
Je les célébrais sur ma lyre ;
Maintenant un funèbre accord
Est tout ce que leur vue inspire.

Ah ! du moins, ces monts sourcilleux,
Que tant j'aimai dans ma jeunesse,
Peuvent encor plaire à mes yeux,
Car ils partagent ma tristesse.

Si le soleil naissant conduit
Son char dans la plaine éthérée,
Ou si le disque de la nuit
Roule sur la voûte azurée,

Toujours je vois ces fiers regards,
Empreints d'un noble caractère,
Ce front d'un digne amant des arts,
Dont j'aimais la beauté sévère.

Au récit d'un fait glorieux,
Comme à l'aspect d'un bel ouvrage,
L'éclair jaillissant de tes yeux
Fondait les glaces de ton age,

Mon père ! il m'en souvient encor,
Au seul nom de Rome, ton ame,
Rendue à son premier essor,
Brillait d'une nouvelle flamme;

Car c'était sur ces bords chéris
Que ta gloire s'était mûrie :
De l'artiste vraiment épris
Rome est la seconde patrie.

Italie, objet de mes vœux,
Je te dois un pélerinage,
J'ai besoin de ton sol heureux
Qui du passé garde l'image.

Là peut-être, sous un doux ciel
Qui sourit comme l'espérance,
Dans le Panthéon solennel,
Ou sous les myrtes de Florence;

Soit qu'à Tibur, à Tusculum,
J'évoque des sons prophétiques;
Soit que des murs d'Herculanum
Je sonde les débris antiques;

Ou du golfe napolitain
Effleurant la vague docile,
Soit que ma barque, le matin,
Aborde au tombeau de Virgile;

Tant de souvenirs glorieux,
Des beaux-arts la toute-puissance,
L'éclat d'un soleil radieux,
Doivent ranimer l'existence.

O mon père ! n'est-ce pas là
Que tu m'invites à te suivre ?
Ton ombre m'attend, et déjà
Où tu vécus je voudrais vivre.

Ma main de tes pinceaux savants
A vainement tenté l'usage ;
Du sort qui donne les talents
Je n'obtins qu'un luth en partage ;

Et quand sous ses aspects divers
Tu reproduisais la nature,
Jeune, j'essayais dans mes vers
De la soumettre à la mesure;

Mais mon luth, long-temps détendu,
N'a plus qu'une corde sonore;
Quelque jour, au calme rendu,
Pourrai-je l'accorder encore?

Dans la saison des froids autans,
L'oiseau blotti souffre en silence;
Dès que refleurit le printemps,
Son doux chant d'amour recommence.

Si, pour l'homme il n'est plus d'amours,
Alors que son printemps s'envole,
Dans le déclin de ses beaux jours,
Sa lyre est là, qui le console.

Elle a des sons dont la douceur
Convient à sa mélancolie;
Il est aussi dans la douleur
Une secrète mélodie.

Dans le cœur de plaintifs accents
Rencontrent un écho fidèle,
Et les concerts les plus touchants
Sont les soupirs de Philomèle.

Mourant, le cygne harmonieux
Attendrit toute la nature ;
Et le dernier de ses adieux
Exhale un ravissant murmure.

La Villa Borghèse,

A Rome.

Aux dernières clartés dont le ciel se colore,
    Je te vois encore une fois,
Solitaire villa ! pour cette fois encore
    Je puis méditer dans tes bois.

Contre les feux du jour ils étaient mon asile,
    J'y fuyais un monde imposteur,
Et je venais souvent sous leur ombre tranquille
    Reposer mes sens et mon cœur.

Je venais admirer, du haut de la colline,
La splendeur du soleil couchant
Qui sur la vieille Rome et sa vaste ruine
Projetait un reflet mourant.

Sur moi le chêne vert et le pin d'Italie
Balançaient leurs dômes épais;
J'aimais à contempler, dans ma mélancolie,
Les lauriers unis aux cyprès.

Mais j'errai quelquefois avec indifférence,
Même sous des bois d'orangers,
Car ces arbres si beaux n'étaient pas ceux de France,
Leurs parfums étaient étrangers.

Je vous regretterai, silencieux bocages,
Bientôt va venir votre tour,
Je vous regretterai, même sous les ombrages
Témoins de mon premier amour.

Ainsi nous épuisons notre vie incertaine
En vains regrets, en vains désirs;
L'avenir est douteux, le présent compte à peine,
Et ne vaut pas nos souvenirs.

A la Cascade de Tivoli.

Au sein d'un effrayant abîme
Cette onde avec un bruit sublime
Tombe, et disparaît à mes yeux;
Plus loin je la revois paisible,
Et poursuivant son cours flexible
Dans le vallon silencieux.

Ainsi nos rapides années
Dans le trépas vont s'engloutir;
Est-il pour nous un avenir?
Dieu seul connaît nos destinées.

Chant de Départ

D'un jeune Artiste se rendant en Italie.

La riante et noble Italie
M'ouvre son fertile trésor ;
Déjà mon ame enorgueillie
Veut prendre un généreux essor.
Au loin Rome et son Capitole
Viennent étonner mes regards ;
La tendresse à l'honneur s'immole ,
La gloire m'appelle , je vole
Au temple sacré des beaux-arts.

Mais hélas! une voix me crie
D'un ton touchant et solennel :
« Mon fils! reste dans ta patrie,
« Epargne le cœur maternel....! »
O ma mère! calme ta peine,
Et ne songe plus qu'au retour;
Cette espérance n'est point vaine,
Oui, bientôt la rive lointaine
Rendra ton fils à ton amour.

D'autres dans le fracas des armes
Cherchent un périlleux honneur,
Et dans le sang et dans les larmes
Ils souillent un laurier vainqueur.
Farouches amants de Bellone,
Poursuivez de tristes succès,
Allez, volez, le clairon sonne;
Moi, je ne veux qu'une couronne
Doux prix des arts et de la paix.

Quand sur le beau sol d'Italie,
Fécondé par tant de héros,
Je verrai s'écouler ma vie
Parmi leurs éloquents tombeaux,
Ma voix, devenant plus hardie,
Dira d'illustres souvenirs,

Et parfois ma harpe, attendrie
Au doux penser de la patrie,
Accompagnera mes soupirs.

Adieu séjour cher et tranquille
Où j'ai coulé d'heureux instants,
Lieux regrettés, aimable asile
Et des vertus et des talents!
L'honneur soutient mon espérance,
Il m'embrase d'un noble feu;
Adieu plaisirs de mon enfance!
Je pars, mais mon cœur reste en France;
Adieu parents! amis, adieu!

Vers

Pour un Album.

Rome, 1823.

Jeune élève de la nature,
Lisbeth, vous qui savez unir
Aux talents précieux une ame noble et pure,
Qui vous vit une fois garde un long souvenir.
J'applaudis à la destinée
Qui des bords où vous êtes née,
Et des lieux où j'ai vu le jour
Tous deux nous conduisit vers le même séjour.
Sous le doux ciel de l'Italie
Cultivez les beaux-arts, ornements de la vie;

Cherchez la gloire, et puisse le bonheur
Récompenser en vous les vertus d'nn bon cœur !...
O Lisbeth ! le destin bizarre
De sa faveur est bien avare ;
Ce qu'il a joint, il peut le désunir ;
Il répand au hasard la peine et le plaisir ;
Il donne plus souvent la peine,
Et la donne, hélas ! sans pitié.
Malgré lui, soyez-en certaine,
Votre cœur de mon cœur ne peut être oublié ;
Dans le temps à venir, sur la rive lointaine,
Comme un ange gardien j'aurai votre amitié.

Le Retour en France.

Je vous revois, de ma patrie
Champs fertiles, aimés des cieux !
Je vous vois, mon ame attendrie
Goûte un plaisir délicieux.
Je te salue, ô belle France !
Comme un nocher, qui, sur les mers,
Après mille tourments divers,
Jette l'ancre de délivrance,
Et dans le port, en assurance,
Bénit le Dieu de l'univers.

L'expérience nous l'indique,
Et je le sens, il eut grand tort,
Le philosophe, ou l'esprit fort,
Qui le premier fit le stoïque,
Et, mettant le raisonnement
A la place du sentiment,
Osa dire que la patrie
Est en tous lieux où l'on est bien.
Se peut-il qu'ainsi l'on oublie
L'asile où l'on reçut la vie?
Blasphême! un plus sacré lien,
Celui de la reconnaissance,
Attache l'homme à ce séjour
Où, le cœur plein d'un tendre amour,
Sur le berceau de son enfance
Sa mère veilla nuit et jour.

Souvent un mortel magnanime,
Dont la voix du peuple unanime
Fit un héros tardivement,
N'obtint que l'exil en partage,
Pour salaire de son courage
Et de son noble dévoûment.
Banni, s'éloigner en silence,
Est le devoir du citoyen;

Si l'État demande un soutien,
Rentrer armé pour sa défense,
Du citoyen c'est la vengeance.
A Rome, quand par le sénat
Camille est proscrit, il s'immole
Au caprice du peuple ingrat;
Il ne revient au Capitole
Que pour affranchir des Gaulois
Cette Rome injuste et chérie,
Et c'est en sauvant la patrie
Qu'il veut reconquérir ses droits.

Notre patrie est notre mère:
Quelquefois une mère a tort;
Même alors elle est encor chère,
On lui pardonne sans effort;
On l'aime malgré ses caprices,
On respecte ses injustices.
Une mère! sur tous nos jours
Elle étend son aimable empire;
Le pur sentiment qu'elle inspire
Est le premier de nos amours,
Et le seul qui dure toujours.

Laissons l'Anglais cosmopolite

D'une île en Europe maudite
Déserter les épais brouillards;
Que dans tous les coins de la terre
Il aille courir les hasards,
Ou porter le feu de la guerre;
Que loin de la sombre Angleterre
Il traîne son orgueil hautain,
Sa dureté, son froid dédain,
De son vain luxe l'arrogance,
Le mauvais goût de ses dandys,
Son spleen, et ses fades ladys;
En Suisse, en Italie, en France,
Qu'il adopte un autre séjour,
Et qu'il s'y fixe sans retour:
L'Anglais, sur des rives lointaines
Réclamant l'hospitalité,
Semble las des promesses vaines
De sa factice liberté:
Il peut abandonner son île,
Où jamais le soleil n'a lui,
Où règnent la brume et l'ennui;
Quel que soit son nouvel asile,
Partout il est mieux que chez lui.

Mais qui perdrait la souvenance

Du beau, du bon pays de France?
Il est, fut, et sera toujours
Premier de tous pour la vaillance,
Pour les beaux-arts et les amours.
Ses vieux rois, sans force et sans gloire,
N'ont pu dégrader ses guerriers;
Trois lustres passés sans victoire
N'ont point fané tant de lauriers,
Et pour les voir verdir encore
Il peut suffire d'un soleil.
O France, que le monde honore!
O toi, dont il craint le réveil!
Va, ne pense pas qu'il ignore
Que tu sais venger un affront:
Désormais calme, florissante,
Et par tes lois seules puissante,
Cultive en paix l'arbre fécond
De ta liberté renaissante.

Vainement l'homme ambitieux
Parcourt la terre, son domaine,
Et s'élance après l'ombre vaine
Du bonheur qu'il cherche en tous lieux:
Vers le réduit de ses aïeux,
Lassé d'une inutile peine,

Il s'achemine, en fatiguant
Le ciel de sa plainte importune,
Et par fois trouve la fortune,
Qui s'endormait en l'attendant.
Un sage nous en fit le conte,
Dont j'aime la moralité;
Ce que la fable nous raconte
Est bien souvent la vérité.

Partisans de la liberté,
Remplis d'une ardeur sans mesure,
Qui ne connaît ni frein ni lois,
Nous courons tous; mais la nature
Sur nous ne perd jamais ses droits.
Le conquérant, que rien n'étonne,
Au loin porte ses pas guerriers,
Pour obtenir quelques lauriers
Que la gloire tresse en couronne;
Bravant l'inclémence des airs,
L'avide commerçant se fonde
Sur la fortune vagabonde
Comme les flots des vastes mers,
Et malgré la foudre qui gronde,
Va chercher l'or du nouveau-monde,
Et rencontre souvent des fers;

Mais tous au cri de la patrie
Tôt ou tard doivent accourir :
Si leur ame n'est point flétrie,
Enfin ils sentent le désir
De revoir leurs foyers antiques,
De vivre en paix, et de mourir
Au sein de leurs dieux domestiques.

Ainsi qu'un autre j'obéis
Au vœu de l'humaine nature;
Je parcourus divers pays;
J'errai long-temps à l'aventure;
Mais partout j'ai vu l'imposture
Triompher de la vérité;
J'ai vu la bonne foi bannie;
J'ai vu l'austère probité
Succomber sous la calomnie.
Le talent pauvre, et le génie
Indignement persécuté.
Dans leurs penchants, toujours extrêmes,
Avares, prodigues, jaloux,
Ingrats, inconstants, vils ou fous,
Partout les hommes sont les mêmes.

Cependant il faut voyager,
C'est une leçon dans la vie ;
Quand on vécut chez l'étranger,
On sait mieux aimer sa patrie.

Traduction

D'UN DISTIQUE LATIN DE L'ARIOSTE,

POUR SA MAISON DE FERRARE.

Humble maison, mais pour moi bonne,
Qui n'est ni trop mal ni trop bien,
Qui me plaît sans nuire à personne ;
Je la payai, je ne dois rien.

Parva, sed apta mihi, sed nulli obnoxia, sed non
Sordida, parta meo sed tamen ære domus.

Traduction

D'UNE INSCRIPTION LATINE,

GRAVÉE SUR LE TOMBEAU DE L'ARIOSTE.

Ici gît Arioste, et partout est sa gloire :
De la muse toscane et l'honneur et l'amour,
Satyrique, plaisant, sublime tour-à-tour,
Il chanta les héros que proclame l'histoire,
Sur la scène comique il rit de nos travers,
Et le vice odieux fut puni dans ses vers :
Poète trois fois grand, que l'éclat environne,
Et dont le front est ceint d'une triple couronne!

Notus et Hesperiis jacet hic Areostus et Indis,
Cui Musa æternum nomen Hetrusca dedit;
Seu satiram in vitia exacuit, seu comica lusit,
Seu cecinit grandi bella ducesque tubâ :
Ter summus vates docti in vertice Pindi,
Tergeminâ licuit cingere fronde comas.

Traduction

DU DISTIQUE DE BEMBO,

GRAVÉ SUR LE TOMBEAU DE RAPHAEL, AU PANTHÉON, A ROME.

Ici gît Raphaël : de son trépas émue,
La nature même craignit
Par ce rival d'être vaincue,
Et de finir, alors qu'il s'éteignit.

Ille hic est Raphaël, timuit quo sospite vinci
Rerum magna parens, et moriente, mori.

Pensée

ÉCRITE AU CAMPO-SANTO DE BOLOGNE.

Quand l'homme va franchir le seuil
De la mort, ce funèbre écueil
De son ambition profonde,
Son dernier soupir est d'orgueil ;
Il veut encor par un cerceuil
Tenir aux vanités du monde.

Traduction

DE L'ITALIEN.

De la puissance qui m'enchaîne
Je voudrais dégager mon cœur ;
Mais tu rends ma volonté vaine,
Espoir, espoir trop séducteur.
O toi ! premier né de mon ame,
Penser que je crains et réclame,
Sentiment si prompt à venir,
Sois donc le dernier à me fuir.

Imitation

D'UNE CANZONNETTA ITALIENNE.

Au murmure de cette onde,
Et quand va finir le jour,
S'endort Nice, belle et blonde
Comme la mère d'amour.
La beauté qu'ainsi j'admire
  Dans son doux sommeil,
Mettra mon cœur en délire,
Au moment de son réveil.

Que la nuit sur sa paupière
Étende son voile épais,
Et que la nature entière
Autour d'elle reste en paix ;
N'allez pas, ruisseau, zéphire,
  Troubler son sommeil,
Souffrez que mon seul délire
A ses sens donne l'éveil.

Sur sa bouche demi-close
Si je cueillais un baiser?
Amour, faut-il que je l'ose?
Oui, l'amour me dit d'oser.
Rève, rève un doux martyre,
  Durant ton sommeil,
O Nice! et que le délire
Dure encore à ton réveil!

Les Pigeons.

TRADUCTION DE GESSNER.

Vois, ma belle, sous cet ombrage
Ces deux pigeons ; ils sont heureux :
Leurs becs unis d'un lien amoureux
Offrent la plus riante image ;
Vois ces tendres frémissements ,
Écoute ces roucoulements :
Ah ! mon enfant, leur ivresse m'enchante :
Et puis !.. vois !.. le pigeon !.. où fuis-tu donc , méchante ?

Au Mont-F...

A. R.

Séjour aimé de mon enfance ,
Je te revois d'un œil jaloux ;
Ton souvenir n'est plus si doux ;
Mon cœur n'a plus son innocence.
De ses ombrages jaunissants
Ainsi l'automne encor parée
Garde un abri pour les amants ;
Mais la feuille est décolorée ;
L'amour a perdu son printemps.

Inscription

POUR UNE CHAUMIÈRE DANS UN BOIS.

Loin des importuns de la ville,
Dans ce simple et champêtre asile,
L'ame goûte un bonheur tranquille,
Dont rien ne gêne la douceur.
Une cabane solitaire,
Des bois l'ombrage tutélaire,
Ont toujours le secret de plaire
A qui vit bien avec son cœur.

Pour un Parc.

Le chantre des jardins, le Virgile français,
Aurait aimé ce lieu tranquille ;
Epris de ces riants bosquets,
Il les aurait choisis pour son dernier asile.

Pour une Fête de Famille

En Suisse.

Qui n'aimerait à partager
Les vœux qu'on fait pour une mère?
Ici ma voix est étrangère,
Mais mon cœur n'est pas étranger.

A mon Père,

POUR SON TABLEAU REPRÉSENTANT

UNE LECTURE CHEZ MADAME GEOFFRIN.

Sous ton pinceau tout un siècle respire :
Les traits de ces mortels que l'univers admire,
Passeront de tes mains à la postérité :
Ces grands hommes semblent te dire :
Viens jouir avec nous de l'immortalité.

Sur le Tableau

DE M. VIGNERON,

REPRÉSENTANT LE CONVOI DU PAUVRE.

Honte aux humains dont le cœur corrompu
A la nature est infidèle !
Un pauvre chien sert à tous de modèle,
Son instinct est de la vertu.

Sur une Tombe.

Le juste a passé sur la terre,
Les hommes ne l'ont pas connu,
On ne sait plus qu'il a vécu :
Au philosophe solitaire
Qu'importe un renom superflu?
Le bien qu'il fit, et qu'il sut taire,
Est ignoré, mais Dieu l'a vu.

Epilogue.

Un bien modique, une amie,
Plusieurs bons et vrais amis,
Quelques livres favoris,
Quoi de plus pour cette vie ?

TABLE

POÉSIES DIVERSES.

FIN DE LA TABLE.

J. Delacour,
IMPRIMEUR A MEUDON,
ET A VAUGIRARD RUE DE SÈVRES, 78.

www.ingramcontent.com/pod-product-compliance
Ingram Content Group UK Ltd.
Pitfield, Milton Keynes, MK11 3LW, UK
UKHW020207250726
13967UKWH00003B/1326